코딩활용능력 2급 3급 포함

발 행 일	2024년 09월 02일(1판 1쇄)
개 정 일	2025년 04월 01일(1판 3쇄)
I S B N	979-11-92695-26-6(13000)
정 가	17,000원
집 필	이지은
진 행	김동주
본문디자인	디자인앨리스
발 행 처	㈜아카데미소프트
발 행 인	유성천
주 소	경기도 파주시 정문로 588번길 24
홈 페 이 지	www.aso.co.kr

※ 이 책은 저작권법에 따라 보호를 받는 저작물이므로 무단 전재와 무단 복제를 금지하며, 이 책 내용의 전부 또는 일부를 이용하려면 반드시 ㈜아카데미소프트의 서면동의를 받아야 합니다.

목차 CONTENTS

PART 01 CAT 시험 안내 및 자료 사용 방법

시험안내 01   CAT 시험 안내 ·············· ● 006

시험안내 02   CAT 자료 사용 방법 ·············· ● 010

PART 02 출제유형 완전정복

출제유형 01   배경과 개체 설정하기 ·············· ● 018

출제유형 02   오브젝트 1 코딩 ·············· ● 026

출제유형 03   오브젝트 2 코딩 ·············· ● 034

출제유형 04   오브젝트 3 코딩 ·············· ● 044

출제유형 05   오브젝트 4 코딩 ·············· ● 054

출제유형 06   배경 코딩 ·············· ● 066

출제유형 07   프로젝트 개선 ·············· ● 070

PART 03   출제예상 모의고사

- 모의고사 01   제 01 회 출제예상 모의고사 ······ 076
- 모의고사 02   제 02 회 출제예상 모의고사 ······ 082
- 모의고사 03   제 03 회 출제예상 모의고사 ······ 088
- 모의고사 04   제 04 회 출제예상 모의고사 ······ 094
- 모의고사 05   제 05 회 출제예상 모의고사 ······ 100
- 모의고사 06   제 06 회 출제예상 모의고사 ······ 106
- 모의고사 07   제 07 회 출제예상 모의고사 ······ 112
- 모의고사 08   제 08 회 출제예상 모의고사 ······ 118
- 모의고사 09   제 09 회 출제예상 모의고사 ······ 124
- 모의고사 10   제 10 회 출제예상 모의고사 ······ 130

PART 04   최신유형 기출문제

- 기출문제 01   제 01 회 최신유형 기출문제 ······ 138
- 기출문제 02   제 02 회 최신유형 기출문제 ······ 144
- 기출문제 03   제 03 회 최신유형 기출문제 ······ 150
- 기출문제 04   제 04 회 최신유형 기출문제 ······ 156
- 기출문제 05   제 05 회 최신유형 기출문제 ······ 162

※ 3급 최신유형 기출문제는 PDF로 제공됩니다.

CAT

코딩활용능력 2급

3급 포함

PART 01

CAT 시험 안내 및 자료 사용 방법

시험안내 01   CAT 시험 안내

시험안내 02   CAT 자료 사용 방법

시험안내 01 CAT 시험 안내

📗 코딩활용능력(CAT) 시험 과목 및 합격 기준   📗 코딩활용능력(CAT) 출제 기준

1 코딩활용능력(CAT / Coding Ability Test)
- 프로그램 언어에 대한 이해도, 사용능력 등 코딩 활용능력을 평가하는 자격으로 프로그램 기반 논리적 사고력, 과학적 창의력을 평가
- 2급, 3급 시험은 블록코딩 프로그램을 사용하여 기본적인 코딩능력 및 처리조건에 맞는 구현이 가능한지에 대한 활용 능력을 평가
- 1급 시험은 텍스트 코딩으로 진입하기 위한 프로그램 언어의 기본 문법, 데이터 처리 등 기초 교육과정에 맞춰 능력을 평가

2 필요성
- 텍스트 코딩 및 블록코딩 프로그램 기본지식 배양
- 텍스트 코딩 언어에 대한 이해를 바탕으로 기본적인 코딩 능력 향상
- 블록코딩 툴을 활용하여 처리 조건에 맞게 구현하는 코딩 능력 향상

3 자격 종류
- 자격구분 : 민간등록자격
- 등록번호 : 2024-001939
- 상기 자격은 자격기본법 규정에 따라 등록한 민간자격으로, 국가로부터 인정받은 공인자격이 아닙니다.
- 민간자격 등록 및 공인 제도에 대한 상세내용은 민간자격정보서비스(www.pqi.or.kr)의 '민간자격 소개'란을 참고하여 주십시오.

4 시험 과목

등급	검정과목	검정방법	문항 수	시험시간	배점	합격기준	시험프로그램
1급	- 기본 문법 - 데이터 처리 - 함수 및 모듈	객관식 (사지택일)	20문항	40분	100점	60점 이상	Python
2급	- 객체 설정하기 - 객체 코딩하기 - 자료 다루기	실기 (작업식)	3문항	40분	100점	60점 이상	엔트리
3급	- 객체 설정하기 - 객체 코딩하기	실기 (작업식)	2문항	40분	100점	60점 이상	엔트리

5 응시 자격 : 학력, 연령, 경력 제한 없음

※ 검정 수수료 및 시험 일정은 www.ihd.or.kr 홈페이지 하단의 [자격안내]에서 확인할 수 있습니다.

6 출제 기준(2급)

과목	검정항목	검정내용	비고
객체 설정하기	객체	<3급 검정 내용과 동일>	-
	장면	장면 추가하기, 장면 코딩하기	-
객체 코딩하기	시작	<3급 검정 내용과 동일>	-
	흐름	<3급 검정 내용과 동일>	-
	움직임	<3급 검정 내용과 동일>	-
	생김새	<3급 검정 내용과 동일>	-
	판단	<3급 검정 내용 포함>	-
	계산	<3급 검정 내용 포함>	-
자료 다루기	변수		변수 관련 전체 블록
	리스트		리스트 관련 전체 블록

7 출제 기준(3급)

과목	검정항목	검정내용	비고
객체 설정하기	객체	객체 추가/삭제하기, 객체 이름 바꾸기	-
객체 코딩하기	시작	시작하기 버튼을 클릭했을 때, q키를 눌렀을 때, 마우스를 클릭했을 때, 마우스 클릭을 해제했을 때, 오브젝트를 클릭했을 때, 오브젝트 클릭을 해제했을 때	신호/장면 관련 블록은 2급에 해당
	흐름	10번 반복하기, 계속 반복하기, 참이 될 때까지 반복하기, 만일 참 (이)라면 아니면, 만일 참 (이)라면, 처음부터 다시 실행하기, 반복 중단하기, 2초 기다리기, 참 이(가) 될 때까지 기다리기, 모든 코드 멈추기	복제본 관련 블록은 2급에 해당
	움직임	이동 방향으로 10만큼 움직이기, 화면 끝에 닿으면 튕기기, x좌표를 10만큼 바꾸기, y좌표를 10만큼 바꾸기, 2초 동안 x: 10 y: 10 만큼 움직이기, x: 10 위치로 이동하기, y: 10 위치로 이동하기, x: 0 y: 0 위치로 이동하기, 2초 동안 x: 10 y: 10 위치로 이동하기, 엔트리봇 위치로 이동하기, 2초 동안 엔트리봇 위치로 이동하기, 방향을 90°만큼 회전하기, 이동 방향을 90°만큼 회전하기, 2초 동안 방향을 90°만큼 회전하기, 2초 동안 이동 방향 90°만큼 회전하기, 방향을 90°(으)로 정하기, 이동 방향을 90°(으)로 정하기, 엔트리봇 쪽 바라보기, 90° 방향으로 10만큼 움직이기	움직임 카테고리의 전체 블록
	생김새	모양 보이기, 모양 숨기기, 안녕!을(를) 4초 동안 말하기, 안녕!을(를) 말하기, 말풍선 지우기, 엔트리봇_걷기1 모양으로 바꾸기, 다음 모양으로 바꾸기, 색깔 효과를 10만큼 주기, 색깔 효과를 100(으)로 정하기, 효과 모두 지우기, 크기를 10만큼 바꾸기, 크기를 100(으)로 정하기, 상하 모양 뒤집기, 좌우 모양 뒤집기, 맨 앞으로 보내기	생김새 카테고리의 전체 블록
	판단	마우스를 클릭했는가?, 오브젝트를 클릭했는가?, q키가 눌러져 있는가?, 마우스포인터에 닿았는가?, 10 = 10, 10 != 10, 10 > 10, 10 < 10, 10 ≥ 10, 10 ≤ 10	-
	계산	10 + 10, 10 - 10, 10 x 10, 10 / 10, 현재 연도, 0부터 10 사이의 무작위 수, 엔트리봇의 x좌푯값	-

MEMO

시험안내 02 — CAT 자료 사용 방법

■ 엔트리 프로그램 설치하기   ■ 답안 전송 프로그램 사용 방법

01 엔트리 프로그램 설치하기

❶ 크롬 브라우저를 실행하여 아카데미소프트(https://aso.co.kr) 홈페이지에 접속합니다.

❷ 메인 페이지 하단에 [커뮤니티]-[자료실]을 클릭합니다.

❸ [제목]에서 '엔트리 프로그램'을 클릭합니다.

❹ <다운로드> 단추를 클릭하여 파일을 다운로드 받습니다.

❺ '엔트리_2.1.15.zip' 파일 위에서 마우스 오른쪽 단추를 눌러 바로 가기 메뉴가 나오면 ["엔트리_2 1.15₩"에 압축 풀기]를 클릭합니다.

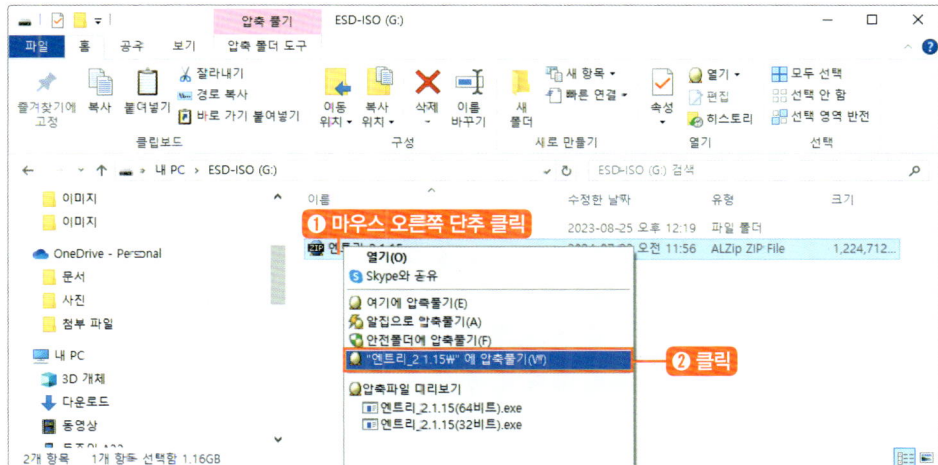

❻ '엔트리_2.1.15' 폴더를 더블 클릭합니다.

❼ '엔트리_2.1.15(64비트)' 파일을 더블 클릭하여 프로그램을 설치해 줍니다.

※ 컴퓨터가 32비트이면 '엔트리_2.1.15(32비트)' 파일을 더블 클릭해서 프로그램을 설치해 줍니다.

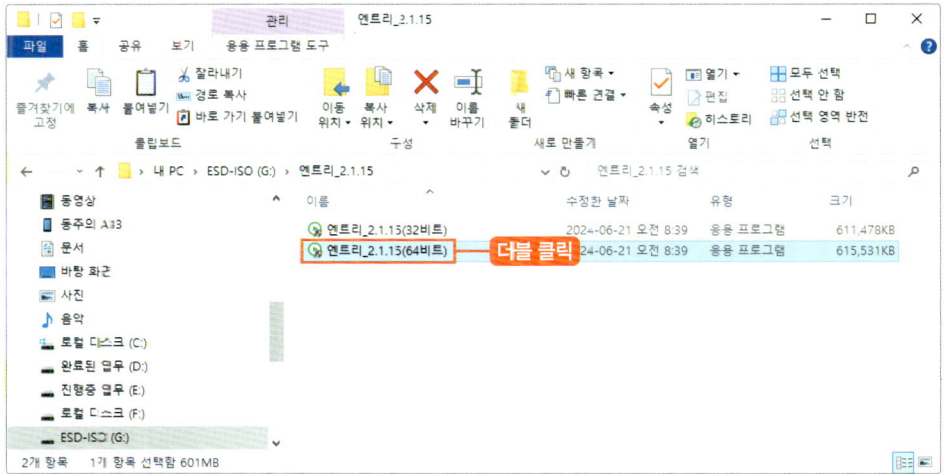

⑧ [엔트리 설치] 대화상자가 나오면 <다음> 단추를 클릭합니다.

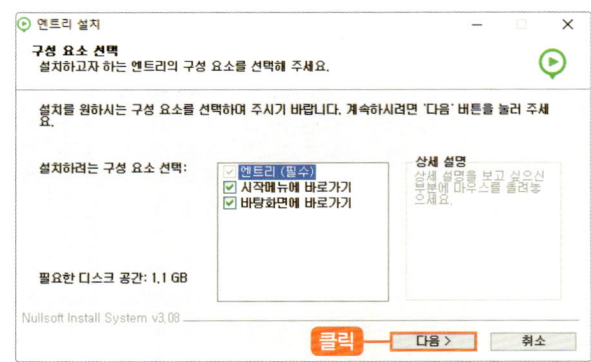

⑨ <설치> 단추를 클릭하여 엔트리 프로그램을 설치해 줍니다.

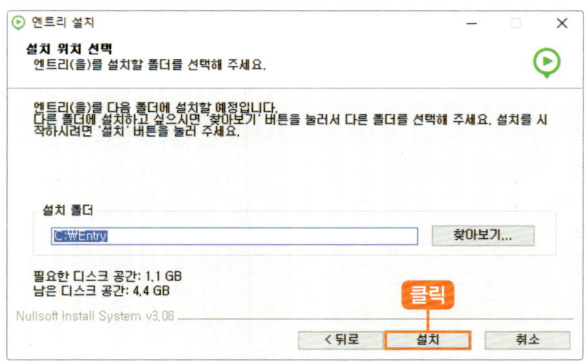
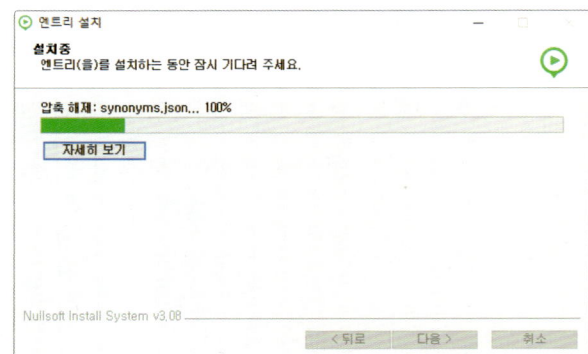

⑩ [설치 완료] 대화상자가 나오면 <다음> 단추를 클릭합니다.

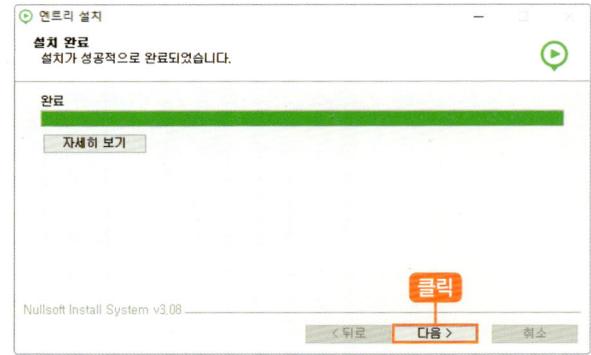

⑪ [엔트리 설치 완료] 대화상자가 나오면 <마침> 단추를 눌러 설치를 종료합니다.

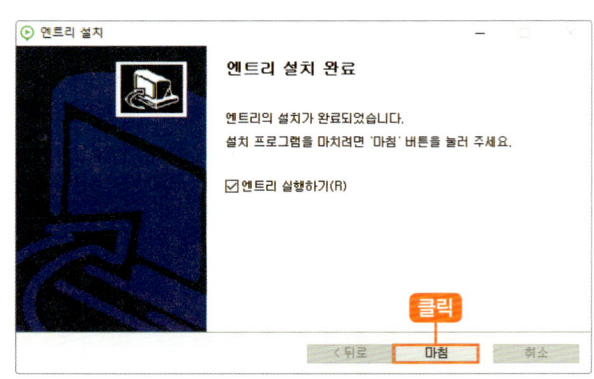

02 답안 전송 프로그램 사용 방법

❶ 필요한 자료를 다운받아 압축을 해제합니다. 이어서, [코딩활용능력 2급(3급 포함)_학습 자료]-[답안 전송 프로그램] 폴더에서 '답안 전송 프로그램.exe' 파일을 더블 클릭하여 실행합니다.

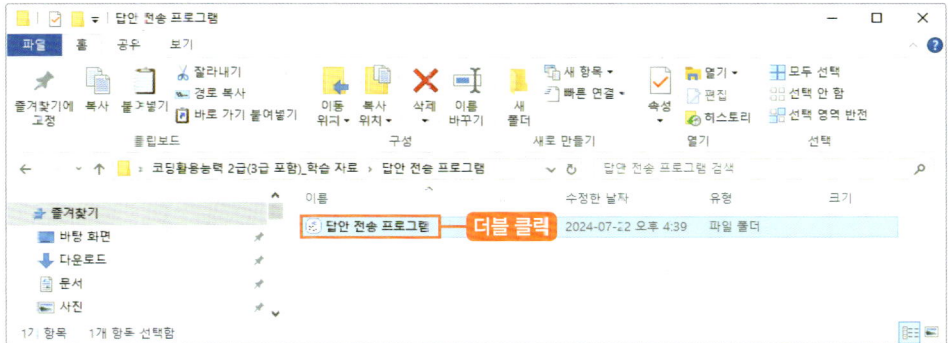

❷ [MAG 답안 전송 & 채점 프로그램] 대화상자가 열리면 <DIAT 답안 전송 프로그램> 단추를 클릭합니다.

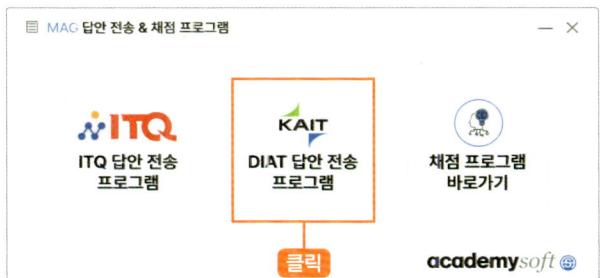

❸ 답안 전송 프로그램이 실행되면 '수검번호'에서 목록 단추를 클릭하여 해당 과목을 선택합니다.

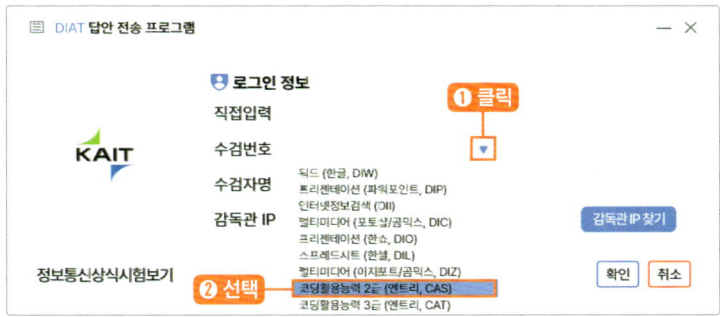

❹ 과목 선택이 끝나면 '수검번호' 및 '수검자명'을 입력한 후 <확인> 단추를 클릭합니다.

※ 데모용 연습 프로그램이기 때문에 '수검번호' 및 '수검자명'은 본인이 원하는 내용을 입력합니다.

❺ 수검자 유의사항이 나오면 내용을 확인한 후 마스터 키 칸을 선택하고 <Enter> 키를 누릅니다.

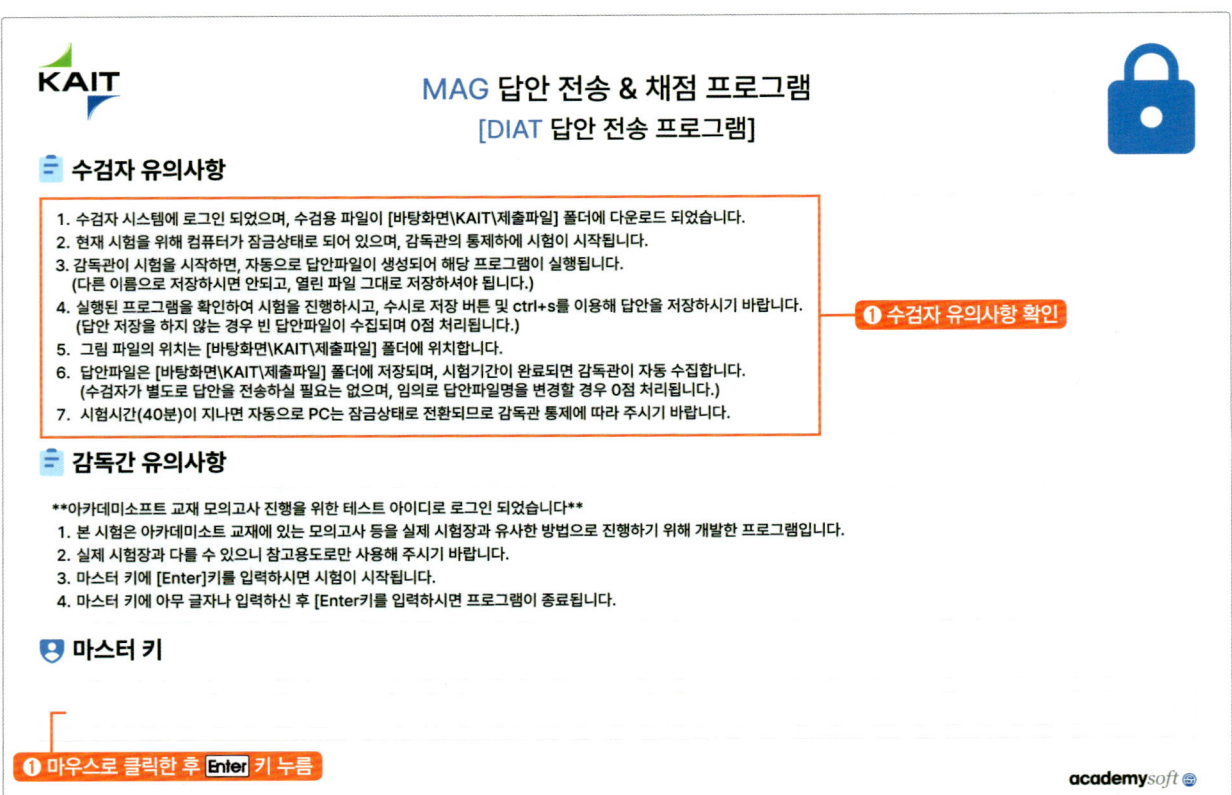

❻ 시험이 시작됨과 동시에 엔트리 프로그램이 자동으로 실행되면서 답안 파일이 자동으로 열립니다. 이어서, 남은 시간을 확인하면서 답안을 작성합니다.

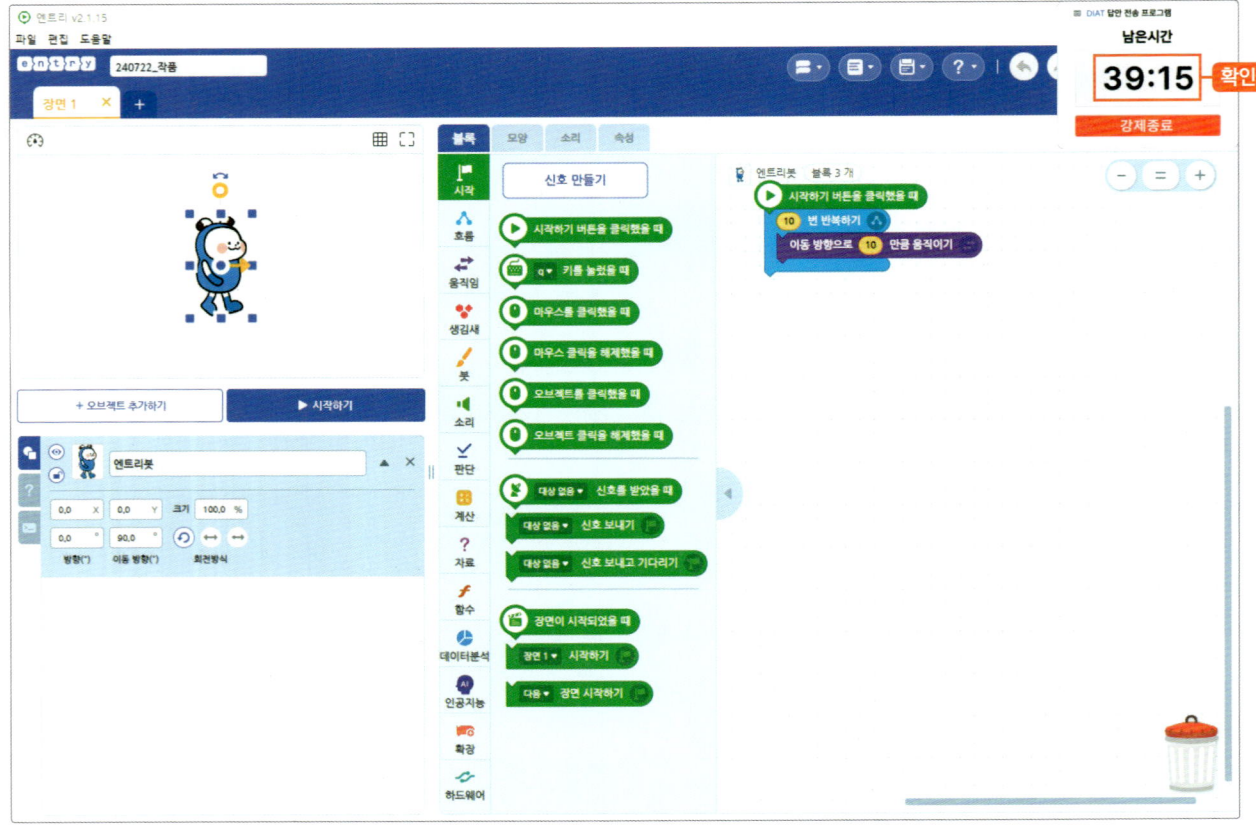

MEMO

… CAT

코딩활용능력 2급

3급 포함

PART 02

출제유형 완전정복

출제유형 01 배경과 개체 설정하기

출제유형 02 오브젝트 1 코딩

출제유형 03 오브젝트 2 코딩

출제유형 04 오브젝트 3 코딩

출제유형 05 오브젝트 4 코딩

출제유형 06 배경 코딩

출제유형 07 프로젝트 개선

출제유형 01 배경과 개체 설정하기

📘 소스 파일 : 없음　📗 정답 파일 : 유형01_정답.ent

유의사항
- 각 문제의 정답은 다음과 같은 규칙으로 ENT 파일을 저장하시오.
  - 저장 위치 : 바탕 화면 > KAIT > 제출파일 폴더
  - 파일명 : CAS_수검번호_이름.ent
    ※ 예시 : 수검번호가 CAS-0000-000000이고 수험자 이름이 홍길동인 경우 "CAS_000000_홍길동.ent"로 저장할 것
- 문제에 제시된 블록코딩 외 임의로 오브젝트 및 블록 등을 추가할 경우 감점 처리됨
- [문제 2~3]은 블록코딩을 원칙으로 하며, 오브젝트 설정 창에서 설정 시 감점 처리됨

프로젝트 설명

병아리가 먹을 것을 찾고 있다. 모이와 돌멩이 중에 어떤 것을 먹어야 할까?
모이를 먹으면 성장 값이 20씩 증가하고 돌멩이를 먹으면 20씩 감소한다.
모이를 먹은 병아리는 쑥쑥 자라나 성장 값이 100이 되면 닭이 되어 꼬끼오~!하고 운다.

문제 1 다음 [처리조건]에 따라 배경 및 개체를 설정하시오. (10점)

■ 배경 설정하기

[처리조건]	[배경]	
① '장면1'에 '잔디밭' 배경을 불러오기 　– 이름을 '**들판**'으로 변경하기 ② '장면2'에 '잔디 언덕(2)' 배경을 불러오기 　– 이름을 '**숲**'으로 변경하기	① 잔디밭	② 잔디 언덕(2)

■ 개체 설정하기 (오브젝트는 순서대로 불러올 것)

[처리조건]	[오브젝트]	
① '검은콩' 오브젝트를 불러오기 　– 이름을 '**모이**'로 변경하기 ② '검은 돌멩이' 오브젝트를 불러오기 　– 이름을 '**돌멩이**'로 변경하기 ③ '병아리' 오브젝트를 불러오기 　– 이름 **변경 없음** ④ '암탉(2)' 오브젝트를 불러오기 　– 이름을 '**닭**'으로 변경하기 　※ 기존의 '엔트리봇' 오브젝트는 삭제한다.	① 검은콩 ③ 병아리	② 검은 돌멩이 ④ 암탉(2)

유형 01 배경 불러오기

❶ 엔트리를 실행한 다음 오브젝트 목록의 '엔트리봇' 오브젝트의 삭제를 클릭합니다.

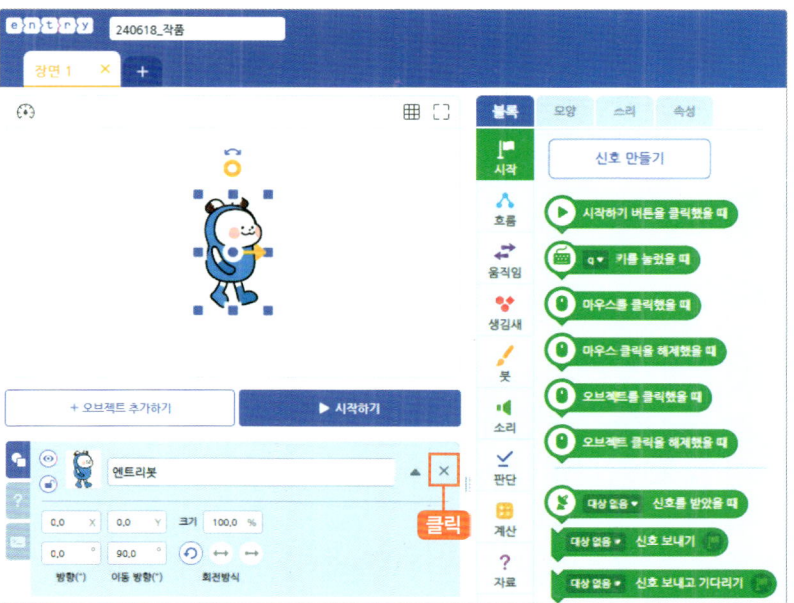

❷ `+ 오브젝트 추가하기` 단추를 클릭하고 '잔디밭'을 검색합니다. 이어서, 검색된 '잔디밭' 오브젝트를 선택한 다음 <추가하기> 단추를 클릭합니다.

❸ 오브젝트 목록의 '잔디밭' 오브젝트의 잠금(🔒)을 클릭한 다음 오브젝트 이름을 '들판'으로 변경합니다. 이어서, 잠금 해제(🔓)를 클릭합니다.

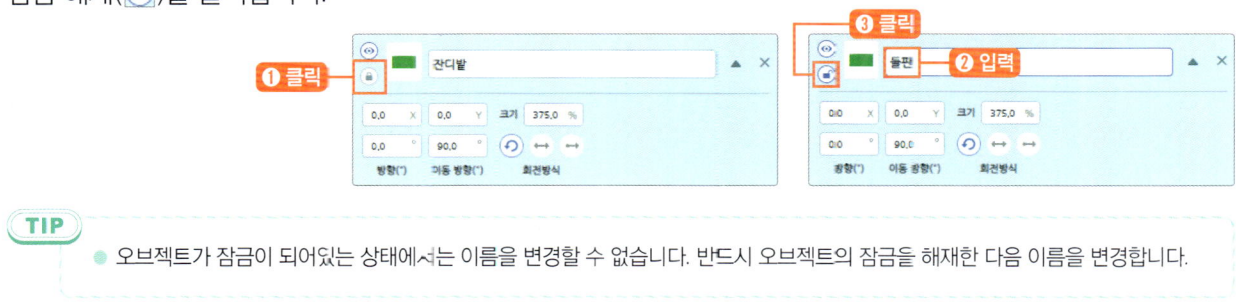

TIP
● 오브젝트가 잠금이 되어있는 상태에서는 이름을 변경할 수 없습니다. 반드시 오브젝트의 잠금을 해제한 다음 이름을 변경합니다.

❹ [장면 1] 탭의 오른쪽 ➕를 눌러 [장면 2]를 추가합니다.

❺ 추가된 [장면 2] 탭을 클릭한 다음 [＋오브젝트 추가하기] 단추를 클릭하고 '잔디 언덕'을 검색합니다. 이어서, 검색된 '잔디 언덕(2)' 오브젝트를 선택한 다음 <추가하기> 단추를 클릭합니다.

❻ 오브젝트 목록의 '잔디밭' 오브젝트의 잠금(🔒)을 클릭한 다음 오브젝트 이름을 '숲'으로 변경합니다. 이어서, 잠금 해제(🔓)를 클릭합니다.

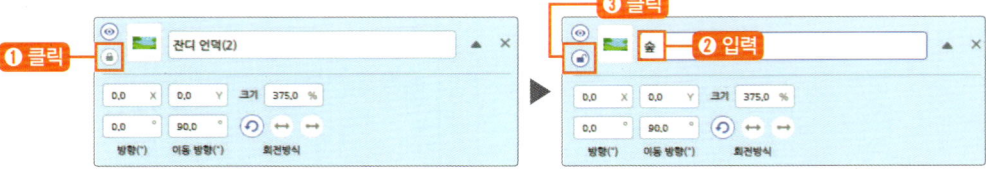

유형 02 개체 설정하기

❶ [장면 1] 탭을 클릭한 다음 [＋오브젝트 추가하기] 단추를 클릭하고 '검은콩'을 검색합니다. 이어서, 검색된 '검은콩' 오브젝트를 선택한 다음 <추가하기> 단추를 클릭합니다.

❷ 오브젝트 목록의 '검은콩' 오브젝트를 '모이'로 변경합니다.

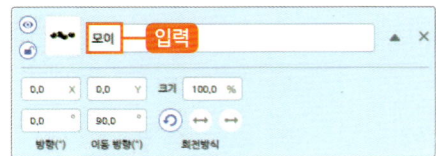

❸ `+ 오브젝트 추가하기` 단추를 클릭하고 '검은 돌멩이'를 검색합니다. 이어서, 검색된 '검은 돌멩이' 오브젝트를 선택한 다음 <추가하기> 단추를 클릭합니다.

❹ 오브젝트 목록의 '검은 돌멩이' 오브젝트를 '돌멩이'로 변경합니다.

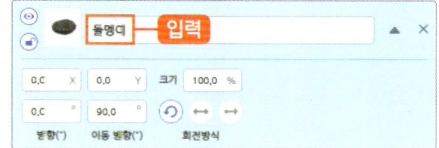

❺ `+ 오브젝트 추가하기` 단추를 클릭하고 '병아리'를 검색합니다. 이어서, 검색된 '병아리' 오브젝트를 선택한 다음 <추가하기> 단추를 클릭합니다.

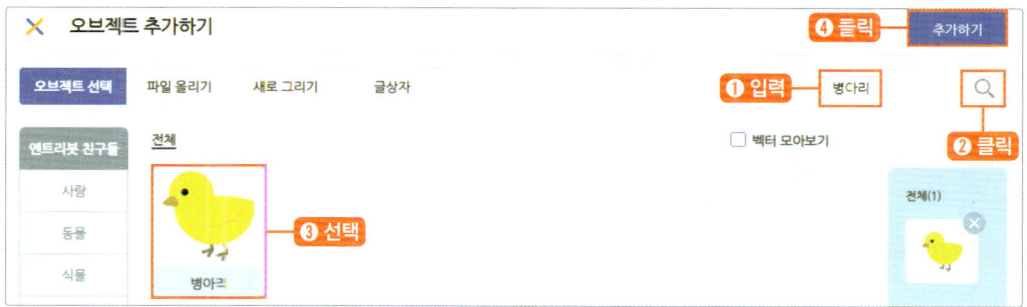

❻ `+ 오브젝트 추가하기` 단추를 클릭하고 '암탉'을 검색합니다. 이어서, 검색된 '암탉(2)' 오브젝트를 선택한 다음 <추가하기> 단추를 클릭합니다.

❼ 오브젝트 목록의 '암탉(2)' 오브젝트를 '닭'으로 변경합니다.

❽ 상단 메뉴에서 [저장하기( )]-[저장하기]를 클릭한 다음 본인 이름의 폴더에 저장합니다.

배경과 개체 설정하기

■ 소스 파일 : 없음   ■ 정답 파일 : 정복01_정답01.ent

완전정복 01

다음 프로젝트 설명을 확인한 다음 배경과 개체를 조건에 맞게 작업하시오.

[유의사항]

- 각 문제의 정답은 다음과 같은 규칙으로 ENT 파일을 저장하시오.
  - **저장 위치** : 바탕 화면 > KAIT > 제출파일 폴더   - **파일명** : CAS_수검번호_이름.ent
  - ※ 예시 : 수검번호가 CAS-0000-0000000이고 수험자 이름이 홍길동인 경우 "CAS_000000_홍길동.ent"로 저장할 것
- 문제에 제시된 블록코딩 외 임의로 오브젝트 및 블록 등을 추가할 경우 감점 처리됨
- [문제 2~3]은 블록코딩을 원칙으로 하며, 오브젝트 설정 창에서 설정 시 감점 처리됨

프로젝트 설명 아날로그시계는 숫자와 눈금이 표시된 시계판과 시를 나타내는 시침, 분을 나타내는 분침, 초를 나타내는 초침으로 구성된다. 시계가 현재 시각을 나타내도록 하고, 시계를 클릭하면 현재 시각이 오전인지 오후인지 알려주도록 한다. 시계를 클릭하면 장면이 바뀌고, 바뀐 장면을 클릭하면 처음 장면으로 되돌아간다.

문제 1 다음 [처리조건]에 따라 배경 및 개체를 설정하시오. (10점)

■ **배경 설정하기**

[처리조건]	[배경]	

① '장면1'에 '교실 뒤(2)' 배경을 불러오기
  – 이름을 '**교실**'으로 변경하기
② '장면2'에 '교실(2)' 배경을 불러오기
  – 이름을 '**수업 시작**'으로 변경하기
	① 교실 뒤(2)	② 교실(2)

■ **개체 설정하기** (오브젝트는 순서대로 불러올 것)

[처리조건]	[오브젝트]	

① '시계판' 오브젝트를 불러오기
  – 이름 **변경 없음**
② '시계 바늘(시침)' 오브젝트를 불러오기
  – 이름을 '**시침**'로 변경하기
③ '시계 바늘(분침)' 오브젝트를 불러오기
  – 이름을 '**분침**'로 변경하기
④ '시계 바늘(초침)' 오브젝트를 불러오기
  – 이름을 '**초침**'으로 변경하기
※ 기존의 '엔트리봇' 오브젝트는 삭제한다.
	① 시계판	② 시계 바늘(시침)

	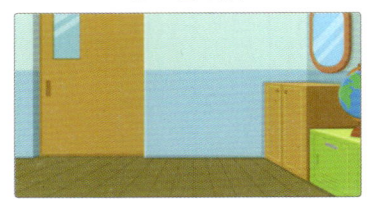	
	③ 시계 바늘(분침)	④ 시계 바늘(초침)

■ 소스 파일 : 없음   ■ 정답 파일 : 정복01_정답02.ent

완전정복 02 다음 프로젝트 설명을 확인한 다음 배경과 개체를 조건에 맞게 작업하시오.

[유의사항]

■ 각 문제의 정답은 다음과 같은 규칙으로 ENT 파일을 저장하시오.
 - 저장 위치 : 바탕 화면 > KAIT > 제출파일 폴더   - 파일명 : CAS_수검번호_이름.ent
 ※ 예시 : 수검번호가 CAS-0000-0000000이고 수험자 이름이 홍길동인 경우 "CAS_0000_홍길동.ent"로 저장할 것
■ 문제에 제시된 블록코딩 외 임의로 오브젝트 및 블록 등을 추가할 경우 감점 처리됨
■ [문제 2~3]은 블록코딩을 원칙으로 하며, 오브젝트 설정 창에서 설정 시 감점 처리됨

프로젝트 설명 ▶ 카멜레온이 미로에 빠졌다. 왼쪽, 오른쪽, 위, 아래 화살표 키를 눌러 이동하며, 벽이나 뱀에 닿으면 처음 위치로 되돌아간다. 뱀이 랜덤으로 나타나기 때문에 잘 피해서 이동하여야 한다.
카멜레온이 미로의 끝인 별에 닿으면 뱀은 최종 기록을 말해주며 프로젝트가 종료된다.

문제 1 다음 [처리조건]에 따라 배경 및 개체를 설정하시오. (10점)

■ **배경 설정하기**

[처리조건]	[배경]	
① '장면1'에 '풀' 배경을 불러오기 - 이름을 '**잔디밭**'으로 변경하기 ② '장면2'에 '꽃밭(1)' 배경을 불러오기 - 이름을 '**꽃밭**'으로 변경하기	① 풀 	② 꽃밭(1) 

■ **개체 설정하기** (오브젝트는 순서대로 불러올 것)

[처리조건]	[오브젝트]	
① '미로(1)' 오브젝트를 불러오기 - 이름을 '**미로**'로 변경하기 ② '카멜레온' 오브젝트를 불러오기 - 이름 **변경 없음** ③ '뱀' 오브젝트를 불러오기 - 이름 **변경 없음** ④ '회전하는 별' 오브젝트를 불러오기 - 이름을 '**별**'로 변경하기 ※ 기존의 '엔트리봇' 오브젝트는 삭제 한다.	① 미로(1)  ③ 뱀 	② 카멜레온  ④ 회전하는 별 

■ 소스 파일 : 없음   ■ 정답 파일 : 정복01_정답03.ent

완전정복 03   다음 프로젝트 설명을 확인한 다음 배경과 개체를 조건에 맞게 작업하시오.

[유의사항]

- 각 문제의 정답은 다음과 같은 규칙으로 ENT 파일을 저장하시오.
  - 저장 위치 : 바탕 화면 > KAIT > 제출파일 폴더   파일명 : CAS_수검번호_이름.ent
  - ※ 예시 : 수검번호가 CAS-0000-0000000이고 수험자 이름이 홍길동인 경우 "CAS_000000_홍길동.ent"로 저장할 것
- 문제에 제시된 블록코딩 외 임의로 오브젝트 및 블록 등을 추가할 경우 감점 처리됨
- [문제 2~3]은 블록코딩을 원칙으로 하며, 오브젝트 설정 창에서 설정 시 감점 처리됨

프로젝트 설명   공장이 갑자기 정전되었다. 정전된 공장 안에서 빠져나갈 수 있을까? 직원과 자동문까지의 거리가 '350' 미만으로 감지되면 센서등이 차례대로 켜진다. 직원이 자동문에 도달하면 자동문이 열리고, '출입문을 찾았다!' 라고 말한다.

문제 1   다음 [처리조건]에 따라 배경 및 개체를 설정하시오. (10점)

■ **배경 설정하기**

[처리조건]	[배경]	

① '장면1'에 '정전된 공장' 배경을 불러오기
   - 이름을 **공장 안**으로 변경하기
② '장면2'에 '창고' 배경을 불러오기
   - 이름을 **공장 밖**으로 변경하기
	① 정전된 공장
	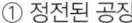
		② 창고

■ **개체 설정하기** (오브젝트는 순서대로 불러올 것)

[처리조건]	[오브젝트]	

① '안경쓴 학생(2)' 오브젝트를 불러오기
   - 이름을 **직원**으로 변경하기
② '움직임 감지센서' 오브젝트를 불러오기
   - 이름을 **센서등1**로 변경하기
③ '움직임 감지센서' 오브젝트를 불러오기
   - 이름을 **센서등2**로 변경하기
④ '자동문' 오브젝트를 불러오기
   - 이름 **변경 없음**
   ※ 기존의 '엔트리봇' 오브젝트는 삭제한다.
	① 안경쓴 학생(2)

	③ 움직임 감지센서
	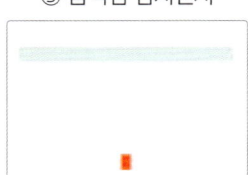
		② 움직임 감지센서

		④ 자동문

완전정복 04 다음 프로젝트 설명을 확인한 다음 배경과 개체를 조건에 맞게 작업하시오.

■ 소스 파일 : 없음   ■ 정답 파일 : 정복01_정답04.ent

[유의사항]

■ 각 문제의 정답은 다음과 같은 규칙으로 ENT 파일을 저장하시오.
  - 저장 위치 : 바탕 화면 > KAIT > 제출파일 폴더   - 파일명 : CAS_수검번호_이름.ent
  ※ 예시 : 수검번호가 CAS-0000-0000000이고 수험자 이름이 홍길동인 경우 "CAS_000000_홍길동.ent"로 저장할 것
■ 문제에 제시된 블록코딩 외 임의로 오브젝트 및 블록 등을 추가할 경우 감점 처리됨
■ [문제 2~3]은 블록코딩을 원칙으로 하며, 오브젝트 설정 창에서 설정 시 감점 처리됨

프로젝트 설명 ▶ 야구 경기가 진행 중이다. '투수'가 '야구공'을 던지고 '타자'가 야구공을 쳐낸다. '타자'가 공을 칠 때 '홈런'과 '스트라이크'를 판단해서 신호를 보낸다. 만일, '홈런'이면 다음 장면이 시작되고 '스트라이크'가 3회 이상이면 처음부터 다시 시작한다.

  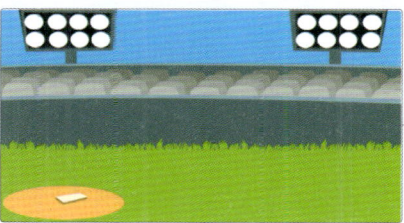

문제 1 다음 [처리조건]에 따라 배경 및 개체를 설정하시오. (10점)

■ **배경 설정하기**

[처리조건]

① '장면1'에 '야구장' 배경을 불러오기
  - 이름을 **경기장**으로 변경하기
② '장면2'에 '야구장' 배경을 불러오기
  - 이름을 **관객석**으로 변경하기

[배경]

① 야구장   ② 야구장

■ **개체 설정하기** (오브젝트는 순서대로 불러올 것)

[처리조건]

① '투수(3)' 오브젝트를 불러오기
  - 이름을 **투수**로 변경하기
② '타자' 오브젝트를 불러오기
  - 이름 **변경 없음**
③ '야구공' 오브젝트를 불러오기
  - 이름 **변경 없음**
④ '다시하기 버튼' 오브젝트를 불러오기
  - 이름 **변경 없음**
  ※ 기존의 '엔트리봇' 오브젝트는 삭제한다.

[오브젝트]

① 투수(3)   ② 타자

③ 야구공   ④ 다시하기 버튼

오브젝트 1 코딩

■ 소스 파일 : 유형02_문제.ent   ■ 정답 파일 : 유형02_정답.ent

문제 2 [주요블록]을 모두 사용하여 [처리조건]에 따라 개체를 코딩하시오. (80점)

■ '모이' 오브젝트

 '모이' 오브젝트는 '무작위 수'에 나타나며, '2'초마다 복제하여 나타난다. '병아리' 오브젝트에 닿으면 '성장' 값이 '20'씩 늘어난다.

[처리조건]

① '성장' 변수 만들기
   (변수 기본 값은 '0', '모든 오브젝트에 사용' 설정하기)
② 시작하기 버튼을 클릭했을 때
   • 모양 숨기기
   • 크기를 '30'으로 정하기
   • 계속 반복하기
     - x : '-200부터 200 사이의 무작위 수'
     - y : '-120부터 120 사이의 무작위 수' 위치로 이동하기
     - '2' 초 기다리기
     - '모이'의 복제본 만들기
③ 복제본이 처음 생성되었을 때
   • 모양 보이기
   • 계속 반복하기
     - 만일 '병아리'에 닿았다면
       └ '성장'에 '(ㄱ)' 만큼 더하기
       └ 이 복제본 삭제하기

[주요블록]

- 시작하기 버튼을 클릭했을 때
- 마우스포인터 ▼ 에 닿았는가?
- 0 부터 10 사이의 무작위 수
- 만일 참 (이)라면
- 변수 ▼ 에 0 만큼 더하기
- 복제본이 처음 생성되었을때
- 자신 ▼ 의 복제본 만들기
- 이 복제본 삭제하기

유형 01 주요 블록 알아보기

코드	블록	설명
판단	마우스포인터 ▼ 에 닿았는가?	해당 오브젝트가 선택한 항목과 닿은 경우 '참'으로 판단합니다.
계산	0 부터 10 사이의 무작위 수	입력한 두 수 사이에서 선택된 무작위(랜덤) 수 값으로 나옵니다.
흐름	만일 참 (이)라면	만일 판단이 참이라면 감싸고 있는 블록들을 실행합니다.
자료	변수 ▼ 에 0 만큼 더하기	변수값에 해당하는 숫자만큼 더하기를 합니다.
흐름	복제본이 처음 생성되었을때	해당 오브젝트의 복제본이 생성되었을 때 아래에 연결된 블록들을 실행합니다.
	자신 ▼ 의 복제본 만들기	선택한 오브젝트의 복제본을 생성합니다.
	이 복제본 삭제하기	'복제본이 처음 생성되었을 때' 블록과 함께 사용되며 연결된 블록들이 실행되고 있는 복제본을 삭제합니다.

유형 02 오브젝트 1 코딩하기

① 엔트리에서 불러오기( )-[오프라인 작품 불러오기]를 선택합니다.

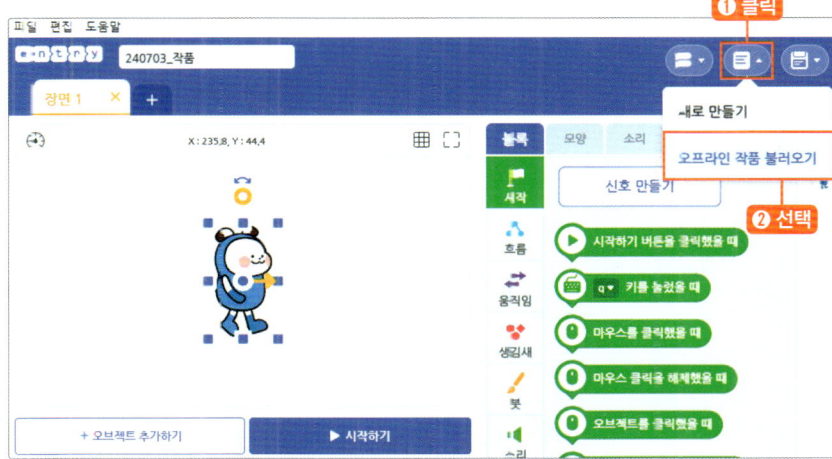

② [열기] 대화상자가 나오면 [출제유형 완전정복]-[출제유형 02]-'유형02_문제.ent' 파일을 선택한 다음 <열기> 단추를 클릭합니다.

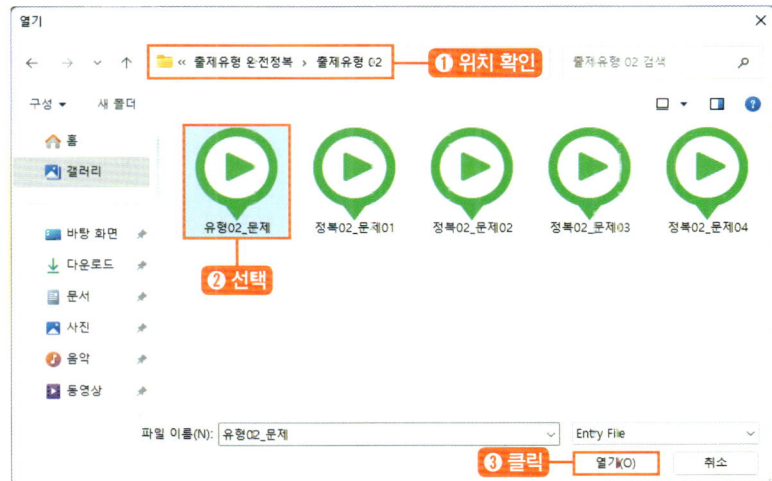

③ '모이' 오브젝트를 클릭한 다음 [속성] 탭에서 [변수]를 클릭하고 <변수 추가하기> 단추를 클릭합니다.

❹ 변수의 이름 '성장'을 입력한 다음 <모든 오브젝트에 사용>을 클릭하고 <변수 추가> 단추를 클릭합니다. 이어서, 변수 기본값은 '0'을 입력합니다. 이어서, 장면 창에 나온 변수를 프로젝트 설명에 맞게 배치합니다.

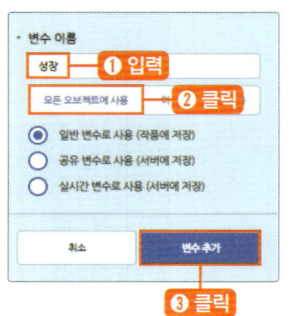 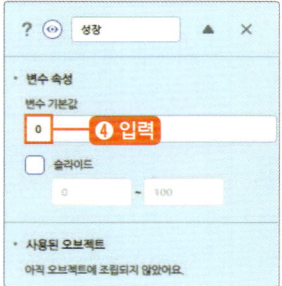 

TIP
- 변수 속성
  변수를 만든 다음 [변수 속성]에서 변수 기본값을 설정할 수 있으며 변수의 값을 슬라이드로 체크하면 변수 아래쪽에 슬라이드 막대가 생성되어 조절이 가능합니다.

시험 분석 신호 만들기

- 문제 유형별로 변수 또는 신호가 나오므로 신호 만드는 방법도 알아둬야 합니다.
- [속성] 탭에서 [신호]를 클릭하고 <신호 추가하기> 단추를 클릭합니다.

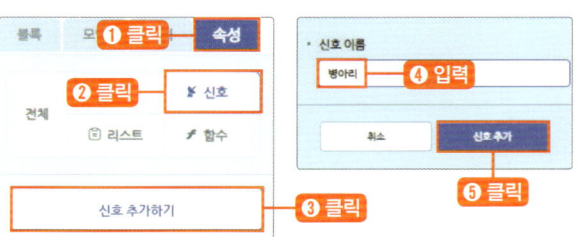

- 신호를 만들면 [시작]에서 신호 보내기와 받았을 때 블록 코드를 사용할 수 있습니다.

- 블록 꾸러미-[시작]-<신호 만들기> 단추도 신호를 만들 수 있습니다.

❺ 다음 [처리조건]을 확인하고 블록 코드를 완성해 봅니다.

[처리조건]	시작하기 버튼을 클릭했을 때 • 모양 숨기기 • 크기를 '30으로 정하기

❻ 다음 [처리조건]을 확인하고 블록 코드를 완성해 봅니다.

[처리조건]	• 계속 반복하기
	  – x : '–200부터 200 사이의 무작위 수'
	  – y : '–120부터 120 사이의 무작위 수' 위치로 이동하기
	  – '2'초 기다리기
	  – '모이'의 복제본 만들기

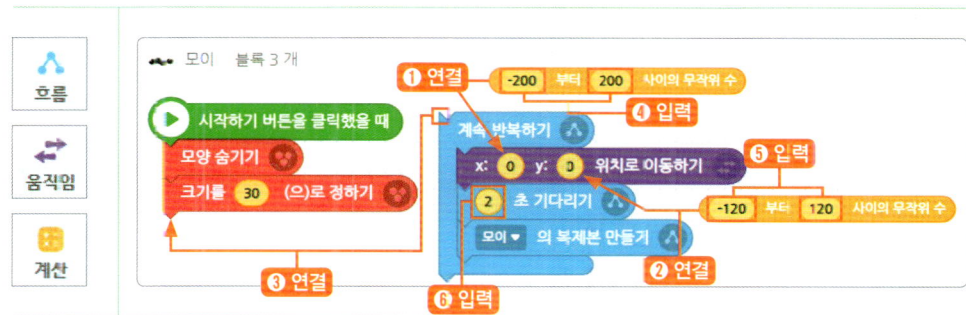

❼ 다음 [처리조건]을 확인하고 블록 코드를 완성해 봅니다.

[처리조건]	복제본이 처음 생성되었을 때
	• 모양 보이기
	• 계속 반복하기
	  – 만일 '병아리'에 닿았다면
	    ㄴ '성장'에 '(ㄱ)' 만큼 더하기
	    ㄴ 이 복제본 삭제하기

⑧ 오브젝트 조건('병아리' 오브젝트에 닿으면 '성장' 값이 '20'씩 늘어난다.)를 확인한 다음 처리 조건의 괄호값을 블록 코드에 적용하고 반복하기 안쪽에 연결합니다.

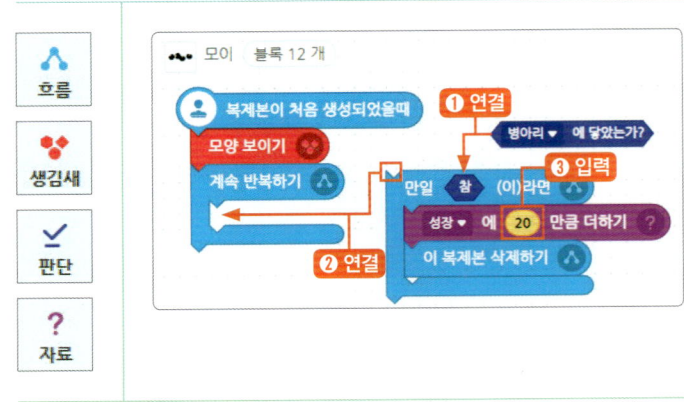

⑨ 블록 코드의 내용을 확인하기 위해서 '닭', '돌맹이' 오브젝트는 [숨기기] 단추를 클릭합니다.

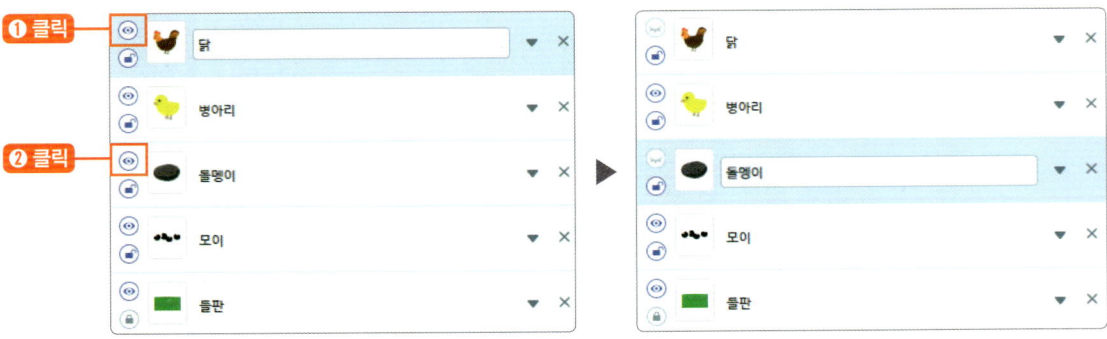

⑩ ▶시작하기 단추를 클릭한 다음 '모이' 오브젝트가 복제되는지 확인하고 '병아리' 오브젝트에 닿으면 '성장' 값이 늘어나는지 확인해 봅니다.

⑪ 숨긴 오브젝트를 보이게 하고 상단 메뉴에서 [저장하기(　)]-[저장하기]를 클릭한 다음 본인 이름의 폴더에 저장합니다.

 ## 오브젝트 1 코딩

완전정복 01
소스 파일 : 정복02_문제01.ent   정답 파일 : 정복02_정답01.ent

다음 오브젝트 조건을 확인한 다음 [처리조건]에 맞게 작업하시오.

문제 2 [주요블록]을 모두 사용하여 [처리조건]에 따라 개체를 코딩하시오. (80점)

■ '시계판' 오브젝트

 '시계를 클릭하면 수업이 시작돼요.'라고 알려준다.
'시계판'을 클릭하면 '다음' 장면이 시작된다.

[처리조건]

① '구분' 변수 만들기
  (변수 기본 값은 '0', '모든 오브젝트에 사용' 설정하기)
② '수업시작' 신호 만들기
③ 시작하기 버튼을 클릭했을 때
  • x: '30', y: '55' 위치로 이동하기
  • 크기를 '120'으로 정하기
  • '시계를 클릭하면 수업이 시작돼요.'를 '3'초 동안 '말하기'
④ 오브젝트를 클릭했을 때
  • '수업시작' 신호 보내기

[주요블록]

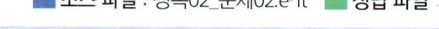

완전정복 02
소스 파일 : 정복02_문제02.ent   정답 파일 : 정복02_정답02.ent

다음 오브젝트 조건을 확인한 다음 [처리조건]에 맞게 작업하시오.

문제 2 [주요블록]을 모두 사용하여 [처리조건]에 따라 개체를 코딩하시오. (80점)

■ '미로' 오브젝트

 '미로' 오브젝트는 프로젝트가 시작되면 초시계를 시작한다.

[처리조건]

① '성공' 신호 만들기
② 시작하기 버튼을 클릭했을 때
  • 초시계 '시작하기'
③ '성공' 신호를 받았을 때
  • 초시계 '정지하기'

[주요블록]

완전정복 03 다음 오브젝트 조건을 확인한 다음 [처리조건]에 맞게 작업하시오.

 문제 2 [주요블록]을 모두 사용하여 [처리조건]에 따라 개체를 코딩하시오. (80점)

■ '직원' 오브젝트

 '직원' 오브젝트는 '너무 어두워!'라고 말하며, '10'만큼 이동한다.
'자동문' 오브젝트와 '직원' 오브젝트의 거리에 따라 신호를 보낸다.

[처리조건]

① 신호 만들기
 • '센서등1 켜짐' 신호 만들기
 • '센서등1 꺼짐' 신호 만들기
 • '센서등2 켜짐' 신호 만들기
 • '센서등2 꺼짐' 신호 만들기
② 시작하기 버튼을 클릭했을 때
 • x: '200', y: '-60' 위치로 이동하기
 • '너무 어두워!'를 '1'초 동안 '말하기'
 • 계속 반복하기
  – '-90°' 방향으로 '(ㄱ)' 만큼 움직이기
  – '다음' 모양으로 바꾸기
  – '0.2'초 기다리기
  – 만일 '자동문' 까지의 거리 > '350' 이라면
   └ '센서등1 꺼짐' 신호 보내기
  – 아니면
   └ '센서등1 켜짐' 신호 보내기
  – 만일 '자동문' 까지의 거리 > '150'이라면
   └ '센서등2 꺼짐' 신호 보내기
  – 아니면
   └ '센서등2 켜짐' 신호 보내기

[주요블록]

다음 오브젝트 조건을 확인한 다음 [처리조건]에 맞게 작업하시오.

 문제 2 [주요블록]을 모두 사용하여 [처리조건]에 따라 개체를 코딩하시오. (80점)

■ '투수' 오브젝트

'투수' 오브젝트를 클릭했을 때 '투수(3)_4' 모양으로 바꾸면서 '공 던지기' 신호를 보낸다.
'스트라이크' 신호를 받았을 때 '0.1'초 기다린 후 '투수(3)_1' 모양으로 바꾼다.

[처리조건]

① 신호 만들기
  - '공 던지기' 신호 만들기
  - '스트라이크' 신호 만들기
② 시작하기 버튼을 클릭했을 때
  - x: '15', y: '35' 위치로 이동하기
③ 오브젝트를 클릭했을 때
  - '(ㄱ)' 모양으로 바꾸기
  - '공 던지기' 신호 보내기
④ '스트라이크' 신호를 받았을 때
  - '0.1'초 기다리기
  - '투수(3)_1' 모양으로 바꾸기

[주요블록]

오브젝트 2 코딩

■ 소스 파일 : 유형03_문제.ent   ■ 정답 파일 : 유형03_정답.ent

문제 2 [주요블록]을 모두 사용하여 [처리조건]에 따라 개체를 코딩하시오. (80점)

■ '돌맹이' 오브젝트

 '돌맹이' 오브젝트는 '무작위 수'에 나타나며, '3'초마다 복제하여 나타난다.
'병아리' 오브젝트에 닿으면 '성장' 값이 '20'씩 줄어든다.

[처리조건]

① 시작하기 버튼을 클릭했을 때
- 모양 숨기기
- 크기를 '20'으로 정하기
- 계속 반복하기
  - x : '-200부터 200 사이의 무작위 수'
  - y : '-120부터 120 사이의 무작위 수' 위치로 이동하기
  - '3'초 기다리기
  - '돌맹이'의 복제본 만들기

② 복제본이 처음 생성되었을 때
- 모양 보이기
- 계속 반복하기
  - 만일 '병아리'에 닿았다면
    └ '성장'에 '-20' 만큼 더하기
    └ 이 복제본 삭제하기

[주요블록]

- 복제본이 처음 생성되었을때
- 마우스포인터▼ 에 닿았는가?
- x: 0 y: 0 위치로 이동하기
- 0 초 기다리기
- 만일 참 (이)라면
- 변수▼ 에 0 만큼 더하기
- 크기를 0 (으)로 정하기
- 모양 보이기

유형 01 주요 블록 알아보기

코드	블록	설명
판단	마우스포인터▼ 에 닿았는가?	해당 오브젝트가 선택한 항목과 닿은 경우 '참'으로 판단합니다.
생김새	크기를 0 (으)로 정하기	오브젝트의 크기를 입력한 값으로 정합니다.
	모양 보이기	오브젝트의 모양을 보여줍니다.
흐름	만일 참 (이)라면	만일 판단이 참이라면 감싸고 있는 블록들을 실행합니다.
	복제본이 처음 생성되었을때	해당 오브젝트의 복제본이 생성되었을 때 아래에 연결된 블록들을 실행합니다.
자료	변수▼ 에 0 만큼 더하기	변수값에 해당하는 숫자만큼 더하기를 합니다.

유형 02 오브젝트 2 코딩하기

① 엔트리에서 불러오기( )-[오프라인 작품 불러오기]를 선택합니다.

② [열기] 대화상자가 나오면 [출제유형 온·전정복]-[출제유형 03]-'유형03_문제.ent' 파일을 선택한 다음 <열기> 단추를 클릭합니다.

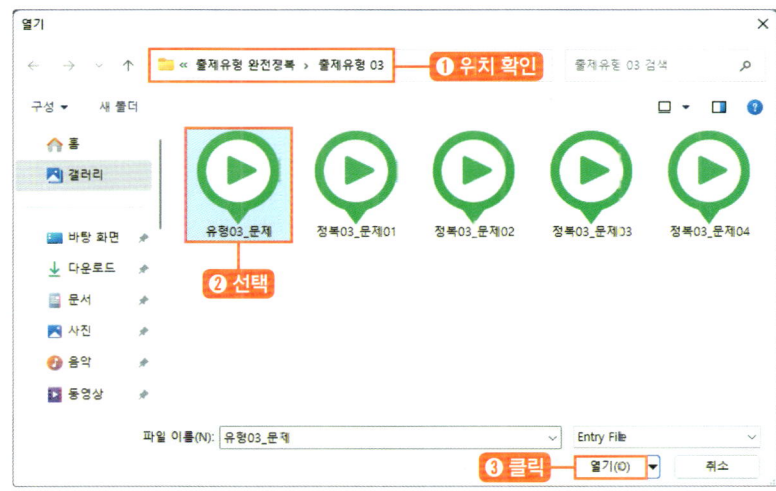

③ '돌맹이' 오브젝트를 클릭한 다음 [처리조건]을 확인하고 블록 코드를 완성해 봅니다.

[처리조건]	시작하기 버튼을 클릭했을 때 • 모양 숨기기 • 크기를 '20'으로 정하기

❹ 다음 [처리조건]을 확인하고 블록 코드를 완성해 봅니다.

[처리조건]
- 계속 반복하기
  - x : '-200부터 200 사이의 무작위 수'
  - y : '-120부터 120 사이의 무작위 수' 위치로 이동하기
  - '3'초 기다리기
  - '돌맹이'의 복제본 만들기

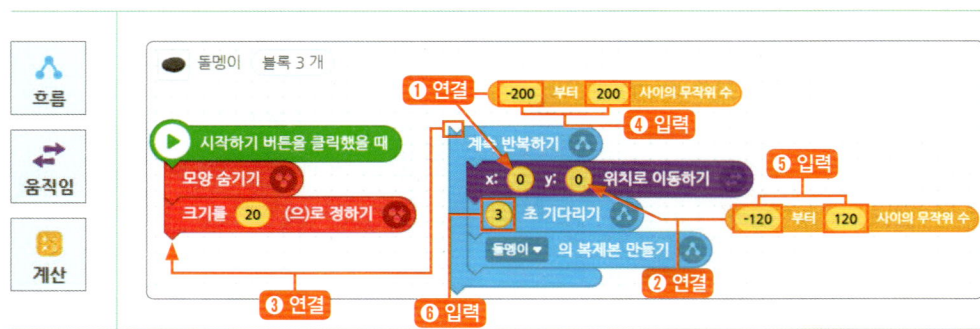

❺ 다음 [처리조건]을 확인하고 블록 코드를 완성해 봅니다.

[처리조건]
복제본이 처음 생성되었을 때
- 모양 보이기
- 계속 반복하기
  - 만일 '병아리'에 닿았다면
    └ '성장'에 '-20' 만큼 더하기
    └ 이 복제본 삭제하기

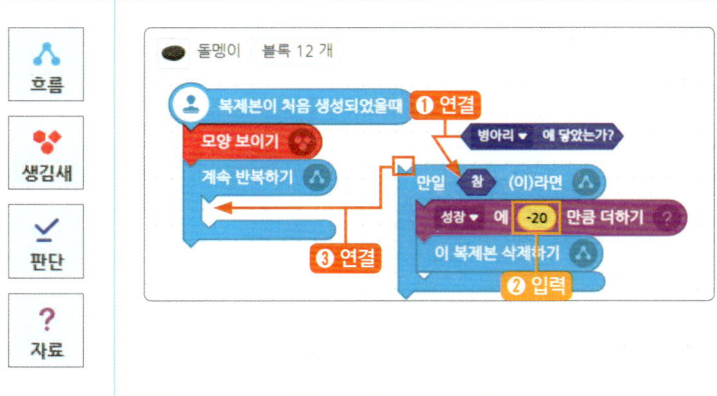

❻ 블록 코드를 조건에 맞게 완성되었는지 확인합니다.

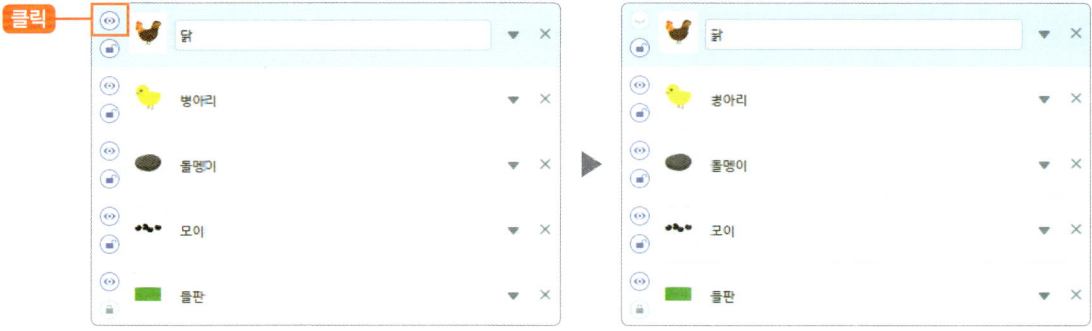

❼ 블록 코드의 내용을 확인하기 위해서 '닭' 오브젝트는 [숨기기] 단추를 클릭합니다.

❽ ▶시작하기 단추를 클릭한 다음 '돌맹이' 오브젝트가 복제되는지 확인하고 '병아리' 오브젝트에 닿으면 '성장' 값이 줄어드는지 확인해 봅니다.

❾ 숨긴 오브젝트를 보이게 하고 상단 메뉴에서 [저장하기( )]-[저장하기]를 클릭한 다음 본인 이름의 폴더에 저장합니다.

| 핵심 포인트 | 움직이는 엔트리 |

■ 소스 파일 : 유형_이동엔트리_문제.ent   ■ 정답 파일 : 유형_이동엔트리_정답.ent

1 엔트리에서 불러오기()-[오프라인 작품 불러오기]를 클릭합니다.

2 [열기] 대화상자가 나오면 [출제유형 완전정복]-[출제유형 03]-'유형_이동엔트리 문제.ent' 파일을 선택한 다음 <열기> 단추를 클릭합니다.

3 '엔트리봇' 오브젝트를 선택한 다음 블록 코드를 완성해 봅니다.
※ 계속 반복하기 안쪽에 '왼쪽 화살표'키를 누르면 'x 좌표'를 '-5'만큼 바꾸면 왼쪽으로 이동합니다.

4 '엔트리봇' 오브젝트가 '곰인형' 오브젝트와 '농구공' 오브젝트를 만나면 말하는 블록 코드를 만든 다음 반복하기 안쪽에 연결합니다.

5 '농구공' 오브젝트를 선택한 다음 블록 코드를 완성해 봅니다.
※ '농구공' 오브젝트는 '엔트리봇' 오브젝트에 닿으면 1초 후 모양을 숨깁니다.

6 '농구공' 오브젝트의 블록 코드에서 마우스 오른쪽 단추를 눌러 [코드 복사]를 클릭합니다. 이어서, '곰인형' 오브젝트를 선택한 다음 블록 조립소에서 마우스 오른쪽 단추를 눌러 [붙여넣기]를 클릭합니다.

7 ▶시작하기 단추를 클릭한 다음 '엔트리봇' 오브젝트가 '곰인형' 오브젝트와 '농구공' 오브젝트에 닿으면 숨겨지는지 확인해 봅니다.

8 상단 메뉴에서 [저장하기( )]-[저장하기]를 클릭한 다음 본인 이름의 폴더에 저장합니다.

오브젝트 2 코딩

■ 소스 파일 : 정복03_문제01.ent   ■ 정답 파일 : 정복03_정답01.ent

 다음 오브젝트 조건을 확인한 다음 [처리조건]에 맞게 작업하시오.

 문제 2 [주요블록]을 모두 사용하여 [처리조건]에 따라 개체를 코딩하시오. (80점)

■ '시침' 오브젝트

 '시침'의 방향은 시각(시)에서 '30'을 곱하면 된다. 시각(시)이 밤 12시(자정)부터 낮 12시(정오)까지는 오전이고, 낮 12시(정오)부터 밤 12시(자정)까지는 오후가 된다.

[처리조건]

① '시' 변수 만들기
  (변수 기본 값은 '0', '모든 오브젝트에 사용' 설정하기)
② 시작하기 버튼을 클릭했을 때
  • x: '30', y: '55' 위치로 이동하기
  • 크기를 '120'으로 정하기
  • 계속 반복하기
    - 방향을 현재 '시각(시)' × '(ㄱ)'으로 정하기
    - '시'를 현재 '시각(시)'으로 정하기
    - 변수 '시' 보이기
    - 만일 '시' 값 > '12'라면
      └ '구분'을 '오후'로 정하기
      └ '시'에 '-12' 만큼 더하기
    - 아니면
      └ '구분'을 '오전'으로 정하기

[주요블록]

완전정복 02 : 다음 오브젝트 조건을 확인한 다음 [처리조건]에 맞게 작업하시오.

■ 소스 파일 : 정복03_문제02.ent　■ 정답 파일 : 정복03_정답02.ent

 문제 2 [주요블록]을 모두 사용하여 [처리조건]에 따라 개체를 코딩하시오. (30점)

■ '카멜레온' 오브젝트

 '카멜레온' 오브젝트는 왼쪽, 오른쪽, 위, 아래 화살표 키를 눌렀을 때 이동하며, '1'초마다 모양이 바뀐다. 벽에 닿거나 '뱀' 오브젝트에 닿았다면 처음 위치로 되돌아간다.

[처리조건]

① '색깔' 신호 만들기
② 시작하기 버튼을 클릭했을 때
　• 크기를 '25'로 정하기
　• x: '-50', y: '-90' 위치로 이동하기
　• '색깔' 신호 보내기
　　- 계속 반복하기
　　　└ 만일 '왼쪽 화살표' 키가 눌러져 있다면
　　　　> x 좌표를 '-3' 만큼 바꾸기
　　　└ 만일 '오른쪽 화살표' 키가 눌러져 있다면
　　　　> x 좌표를 '3' 만큼 바꾸기
　　　└ 만일 '위쪽 화살표' 키가 눌러져 있다면
　　　　> y 좌표를 '3' 만큼 바꾸기
　　　└ 만일 '아래쪽 화살표' 키가 눌러져 있다면
　　　　> y 좌표를 '-3' 만큼 바꾸기
　　　└ 만일 '미로'에 닿았다면
　　　　> x: '-50', y: '-90' 위치로 이동하기
　　　└ 만일 '뱀' 에 닿았다면
　　　　> x: '-50', y: '-90' 위치로 이동하기
③ '색깔' 신호를 받았을 때
　• 계속 반복하기
　　- '(ㄱ)'초 기다리기
　　- '다음' 모양으로 바꾸기

[주요블록]

다음 오브젝트 조건을 확인한 다음 [처리조건]에 맞게 작업하시오.

 [주요블록]을 모두 사용하여 [처리조건]에 따라 개체를 코딩하시오. (80점)

■ '센서등1' 오브젝트

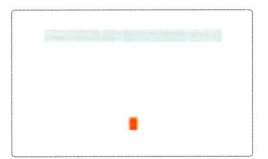

'센서등1' 오브젝트는 신호를 받으면 '움직임 감지센서_영역' 모양으로 바꾼다.

[처리조건]	[주요블록]
① 시작하기 버튼을 클릭했을 때 　• 크기를 '30'으로 정하기 　• x: '100', y: '125' 위치로 이동하기 ② '센서등1 켜짐' 신호를 받았을 때 　• '움직임 감지센서_영역' 모양으로 바꾸기 ③ '센서등1 꺼짐' 신호를 받았을 때 　• '움직임 감지센서_센서' 모양으로 바꾸기	  

 완전정복 04 다음 오브젝트 조건을 확인한 다음 [처리조건]에 맞게 작업하시오.

■ 소스 파일 : 정복03_문제04.ent   ■ 정답 파일 : 정복03_정답04.ent

 문제 2 [주요블록]을 모두 사용하여 [처리조건]에 따라 개체를 코딩하시오. (30점)

■ '타자' 오브젝트

 '타자' 오브젝트를 클릭했을 때 '타자_3' 모양으로 바꾸면서 '야구공'에 닿으면 '홈런' 신호를 보내고, 아니면 '스트라이크' 신호를 보낸다. 만일 '스트라이크' 변수 값과 '3'의 값이 같으면 '아웃! 처음부터 다시'를 말하고 '1초' 기다린 다음 '재시작' 신호를 보낸다.

[처리조건]

① 신호 만들기
  • '홈런' 신호 만들기
  • '재시작' 신호 만들기
② '스트라이크' 변수 만들기
  (변수 기본 값은 '0', '모든 오브젝트에 사용' 설정하기)
③ 시작하기 버튼을 클릭했을 때
  • 크기를 '120'으로 정하기
  • x: '156', y: '1' 위치로 이동하기
④ 오브젝트를 클릭했을 때
  • '타자_3' 모양으로 바꾸기
  • 만일 '야구공'에 닿았는가?라면
    – '(ㄴ)' 신호 보내기
    – '홈런!!'을 '2초' 동안 말하기
  • 아니면
    – '스트라이크' 신호 보내기
    – '스트라이크!'를 '1초' 동안 말하기
    – '타자_1' 모양으로 바꾸기
  • 만일 '스트라이크' 값 = '3' 이라면
    – '아웃! 처음부터 다시'를 말하기
    – '1'초 기다리기
    – '재시작' 신호 보내기

[주요블록]

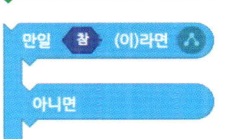

오브젝트 3 코딩

■ 소스 파일 : 유형04_문제.ent   ■ 정답 파일 : 유형04_정답.ent

문제 2 [주요블록]을 모두 사용하여 [처리조건]에 따라 개체를 코딩하시오. (80점)

■ '병아리' 오브젝트

 '병아리' 오브젝트는 '왼쪽, 오른쪽, 위, 아래'로 이동하며, '모이' 오브젝트를 먹고 성장한다.
'성장' 값이 '100'이 되면 '닭' 오브젝트로 변한다.

[처리조건]	[주요블록]
① '성공' 신호 만들기 ② 시작하기 버튼을 클릭했을 때 　• x: '100', y: '60' 위치로 이동하기 　• 크기를 '50'으로 정하기 　• 계속 반복하기 　　– 만일 '왼쪽 화살표' 키가 눌러져 있다면 　　　└ x 좌표를 '-5' 만큼 바꾸기 　　– 만일 '오른쪽 화살표' 키가 눌러져 있다면 　　　└ x 좌표를 '5' 만큼 바꾸기 　　– 만일 '위쪽 화살표' 키가 눌러져 있다면 　　　└ y 좌표를 '5' 만큼 바꾸기 　　– 만일 '아래쪽 화살표' 키가 눌러져 있다면 　　　└ y 좌표를 '-5' 만큼 바꾸기 　　– 만일 '성장' 값 = '(ㄴ)' 이라면 　　　└ 모양 숨기기 　　　└ '성공' 신호 보내기	계속 반복하기 x: 0 y: 0 위치로 이동하기 크기를 0 (으)로 정하기 y 좌표를 0 만큼 바꾸기 스페이스 ▼ 키가 눌러져 있는가? 변수 ▼ 값 0 = 0 시작하기 버튼을 클릭했을 때

유형 01 주요 블록 알아보기

코드	블록	설명
판단	계속 반복하기	감싸고 있는 블록들을 계속 반복 실행합니다.
움직임	x: 0 y: 0 위치로 이동하기	오브젝트가 입력한 x와 y좌표로 이동합니다.
	y 좌표를 0 만큼 바꾸기	오브젝트의 y좌표를 입력한 값만큼 바꿉니다.
생김새	크기를 0 (으)로 정하기	오브젝트의 크기를 입력한 값으로 정합니다.
판단	스페이스 ▼ 키가 눌러져 있는가?	선택한 키가 눌러져 있는 경우 '참'으로 판단합니다.
	0 = 0	왼쪽에 위치한 값과 오른쪽에 위치한 값이 같은 경우 '참'으로 판단합니다.
자료	변수 ▼ 값	선택한 변수에 저장된 값입니다.

유형 02 오브젝트 3 코딩하기

1. 엔트리에서 불러오기(📁)–[오프라인 작품 불러오기]를 클릭합니다.

2. [열기] 대화상자가 나오면 [출제유형 완전정복]–[출제유형 04]–'유형04_문제.ent' 파일을 선택한 다음 <열기> 단추를 클릭합니다.

3. '병아리' 오브젝트를 클릭한 다음 블록 조립소에서 [시작]–<신호 만들기> 단추를 클릭합니다. 이어서, '성공'을 입력하고 <신호 추가> 단추를 클릭합니다.

4. [블록]을 클릭한 다음 **[처리조건]**을 확인하고 블록 코드를 완성해 봅니다.

[처리조건]	시작하기 버튼을 클릭했을 때 • x: '100', y: '60' 위치로 이동하기 • 크기를 '50'으로 정하기

❺ 만들어진 블록 코드에 '계속 반복하기'를 연결합니다. 이어서, 다음과 같이 '왼쪽 화살표'를 누르면 x 좌표로 '-5' 만큼 이동하도록 블록 코드를 완성해 봅니다.

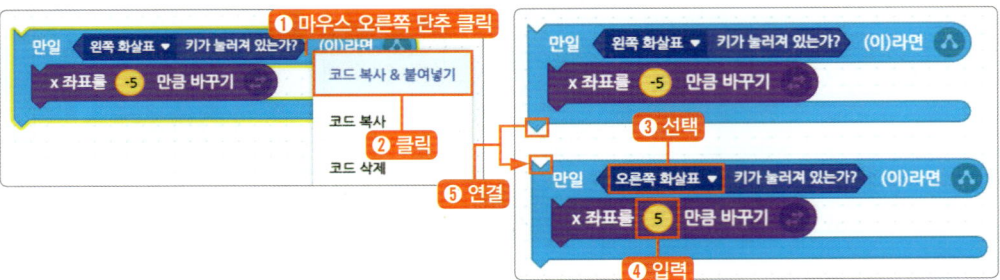

❻ '오른쪽 화살표'를 누르면 이동하는 블록을 만들기 위해 만들어진 블록 코드에서 마우스 오른쪽 단추를 눌러 [코드 복사 & 붙여넣기]를 클릭합니다. 이어서, 복사된 블록 코드를 수정하고 연결합니다.

❼ 같은 방법으로 '위쪽 화살표'와 '아래쪽 화살표' 블록 코드를 만든 다음 '계속 반복하기' 안쪽에 연결합니다.
※ 위쪽 화살표(y좌표 '5'만큼 바꾸기), 아래쪽 화살표(y좌표 '-5'만큼 바꾸기)

❽ 다음 [처리조건]을 확인해 봅니다.

[처리조건]
- 계속 반복하기
  – 만일 '성장' 값 = '(ㄴ)' 이라면
    └ 모양 숨기기
    └ '성공' 신호 보내기

● 오브젝트 조건('성장' 값이 '100'이 되면 '닭' 오브젝트로 변한다.)를 확인한 다음 처리 조건의 괄호값을 블록 코드에 적용하고 반복하기 안쪽에 연결합니다.

※ '성장' 변수값이 100이 되면 닭으로 변해야 하기 때문에 '병아리' 오브젝트는 숨기기를 해주는 방식입니다.

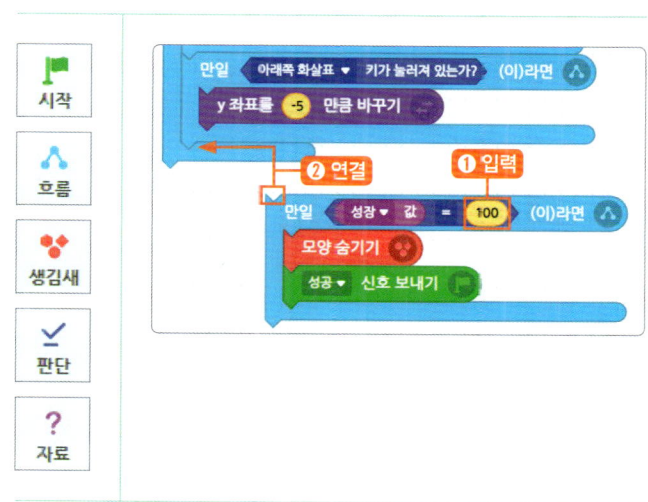

❾ 블록 코드를 조건에 맞게 완성되었는지 확인합니다.

❿ 블록 코드의 내용을 확인하기 위해서 '닭' 오브젝트는 [숨기기] 단추를 클릭합니다.

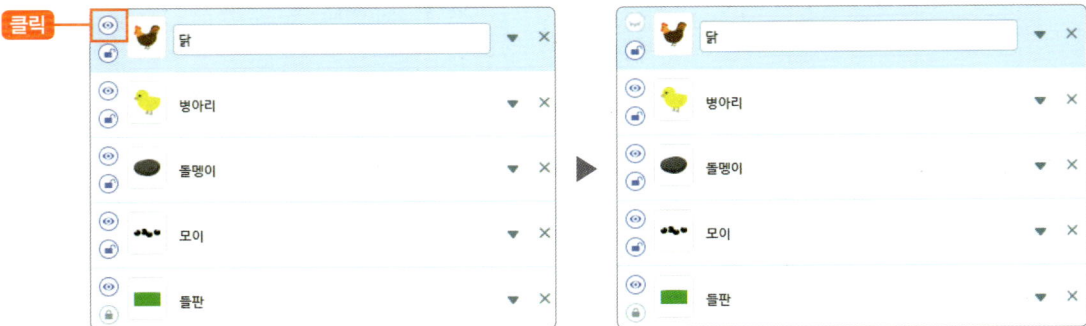

⓫ ▶시작하기 단추를 클릭한 다음 '병아리' 오브젝트를 방향키로 움직여 보고 '모이' 오브젝트에 닿으면 '성장' 변수의 값이 증가해서 100이 되면 '병아리' 오브젝트가 사라지는지 확인해 봅니다.

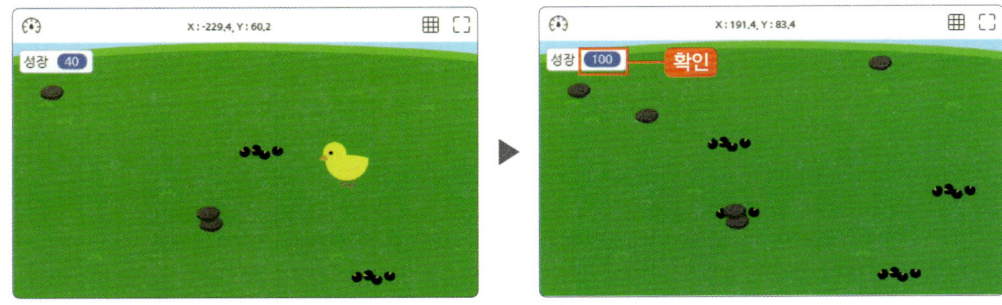

⓬ 숨긴 오브젝트를 보이게 하고 상단 메뉴에서 [저장하기(💾)]-[저장하기]를 클릭한 다음 본인 이름의 폴더에 저장합니다.

핵심 포인트 — 판단하는 엔트리

📘 소스 파일 : 유형_판단엔트리_문제.ent   📗 정답 파일 : 유형_판단엔트리_정답.ent

1 엔트리에서 불러오기( )-[오프라인 작품 불러오기]를 클릭합니다.

2 [열기] 대화상자가 나오면 [출제유형 온·전정복]-[출제유형 04]-'유형_판단엔트리 문제.ent' 파일을 선택한 다음 <열기> 단추를 클릭합니다.

3 '예쁜집' 오브젝트를 클릭한 다음 블록 조립소에서 [시작]-<신호 만들기> 단추를 클릭합니다. 이어서, '집'을 입력하고 <신호 추가> 단추를 클릭합니다.

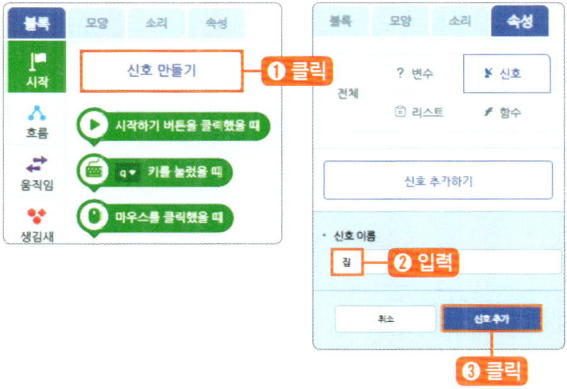

4 [속성] 탭에서 [변수]-<변수 추가하기> 단추를 클릭한 다음 '가방'을 입력하고 <변수 추가> 단추를 클릭합니다.

5 [블록] 탭을 클릭하고 '예쁜집' 오브젝트를 선택한 다음 블록 코드를 완성해 봅니다.

※ '가방' 변수값이 '2' 이면서 '엔트리봇' 오브직트에 닿았을 때 말하기와 신호를 보냅니다.
('그리고' 조건은 두 조건이 모두 '참'이어야 실행됩니다.)

● ● ● **핵심 포인트**

6 '농구공' 오브젝트와 '곰인형' 오브젝트의 판단 블록 아래에 '가방' 변수에 '1' 만큼 더하기를 추가합니다.

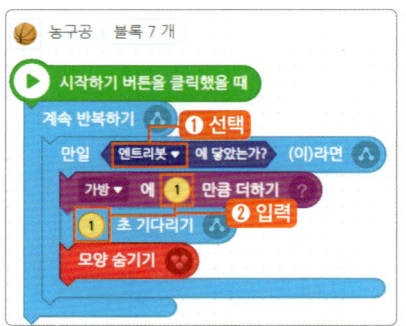 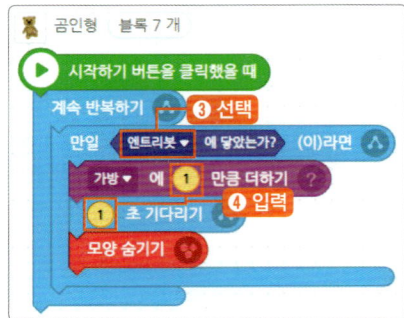

7 '엔트리봇' 오브젝트를 선택한 다음 블록 코드를 완성해 봅니다.

※ '집' 신호를 받으면 엔트리 봇을 숨기기합니다.

8 이어서, '엔트리봇' 오브젝트가 위, 아래로 움직일 수 있도록 블록 코드를 완성해 봅니다.

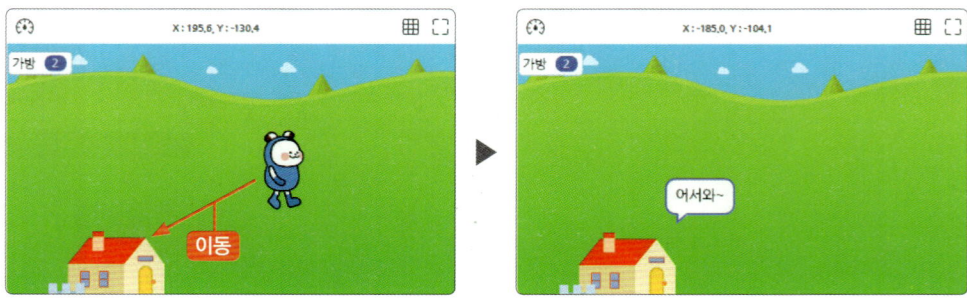

9 ▶시작하기 단추를 클릭한 다음 '곰인형', '농구공' 오브젝트에 닿으면 변수값이 증가하고 '예쁜집' 오브젝트에 닿으면 조건에 맞게 실행되는지 확인해 봅니다.

10 상단 메뉴에서 [저장하기( )]-[저장하기]를 클릭한 다음 본인 이름의 폴더에 저장합니다.

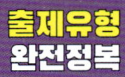 

오브젝트 3 코딩

■ 소스 파일 : 정복04_문제01.ent   ■ 정답 파일 : 정복04_정답01.ent

 다음 오브젝트 조건을 확인한 다음 [처리조건]에 맞게 작업하시오.

 문제 2 [주요블록]을 모두 사용하여 [처리조건]에 따라 개체를 코딩하시오. (80점)

■ '분침' 오브젝트

| | '분침'이 가리키는 작은 눈금 한 칸은 1분을 나타낸다. '분침'이 시계를 한 바퀴(360도)를 도는데 걸리는 시간은 60분이므로, '분침'의 방향은 시각(분)에서 '6'을 곱하면 된다. |

[처리조건]

① '분' 변수 만들기
  (변수 기본 값은 '0', '모든 오브젝트에 사용' 설정하기)
② 시작하기 버튼을 클릭했을 때
  • x: '30', y: '55' 위치로 이동하기
  • 크기를 '120'으로 정하기
  • 계속 반복하기
    - 방향을 현재 '시각(분)' × '(ㄴ)'으로 정하기
    - '분'을 현재 '시각(분)'으로 정하기
    - 변수 '분' 보이기

[주요블록]

■ 소스 파일 : 정복04_문제02.ent   ■ 정답 파일 : 정복04_정답02.ent

완전정복 02 다음 오브젝트 조건을 확인한 다음 [처리조건]에 맞게 작업하시오.

문제 2 [주요블록]을 모두 사용하여 [처리조건]에 따라 개체를 코딩하시오. (80점)

■ '뱀' 오브젝트

'뱀' 오브젝트는 '3'초마다 무작위 수 위치로 이동하며, '성공' 신호를 받으면 최종 기록을 말한다.

[처리조건]

① 시작하기 버튼을 클릭했을 때
  - 크기를 '50'으로 정하기
  - x: '140', y: '60' 위치로 이동하기
  - 계속 반복하기
    - x: '-200부터 200 사이의 무작위 수'
      y: '-120부터 120 사이의 무작위 수'
      위치로 이동하기
    - '(ㄴ)' 초 기다리기
② '성공' 신호를 받았을 때
  - '최종 기록은 [' + '초시계 값' + ']입니다.' 를 '말하기'

[주요블록]
- 0 초 기다리기
- 0 + 0   초시계 값
- 안녕! 을(를) 말하기▼
- x: 0 y: 0 위치로 이동하기
- 0 부터 0 사이의 무작위 수
- 크기를 0 (으)로 정하기

■ 소스 파일 : 정복04_문제03.ent   ■ 정답 파일 : 정복04_정답03.ent

완전정복 03 다음 오브젝트 조건을 확인한 다음 [처리조건]에 맞게 작업하시오.

문제 2 [주요블록]을 모두 사용하여 [처리조건]에 따라 개체를 코딩하시오. (80점)

■ '센서등2' 오브젝트

'센서등2' 오브젝트는 신호를 받으면 '움직임 감지센서_영역' 모양으로 바꾼다.

[처리조건]

① 시작하기 버튼을 클릭했을 때
  - 크기를 '30'으로 정하기
  - x: '-100', y: '125' 위치로 이동하기
② '센서등2 켜짐' 신호를 받았을 때
  - '(ㄴ)' 모양으로 바꾸기
③ '센서등2 꺼짐' 신호를 받았을 때
  - '움직임 감지센서_센서' 모양으로 바꾸기

[주요블록]
- 대상 없음▼ 신호를 받았을 때
- 대상 없음▼ 모양으로 바꾸기
- x: 0 y: 0 위치로 이동하기

완전정복 04 다음 오브젝트 조건을 확인한 다음 [처리조건]에 맞게 작업하시오.

■ 소스 파일 : 정복04_문제04.ert ■ 정답 파일 : 정복04_정답04.ent

 문제 2 [주요블록]을 모두 사용하여 [처리조건]에 따라 개체를 코딩하시오. (80점)

■ '야구공' 오브젝트

'야구공' 오브젝트는 '공 던지기' 신호를 받았을 때 무작위 수 초만큼 x, y좌표 또한 무작위 수 만큼 이동한다. 만일 '스트라이크'의 변수 값이 '0' 이상이라면, '투수' 위치로 이동한다. '홈런' 신호를 받으면 '타자'에 닿았는지 판단하고 '1'초 동안 '야구공'이 날아가면서 '다음' 장면이 시작된다.

[처리조건]

① 시작하기 버튼을 클릭했을 때
 • 크기를 '20'으로 정하기
 • x: '2', y: '25' 위치로 이동하기

② '공 던지기' 신호를 받았을 때
 • '0.5부터 1.5 사이의 무작위 수' 초 동안
   x: '150부터 180 사이의 무작위 수'
   y: '11부터 -34 사이의 무작위 수' 만큼 움직이기
 • 만일 '스트라이크' 값 ≥ '0' 이라면
   - '투수' 위치로 이동하기

③ '홈런' 신호를 받았을 때
 • 만일 '(ㄷ)'에 닿았는가? 라면
   - '1'초 동안 x: '-200', y: '120' 위치로 이동하기
   - '다음' 장면 시작하기

④ '스트라이크' 신호를 받았을 때
 • '스트라이크' 변수에 '1'만큼 더하기

[주요블록]

- 대상 없음▼ 신호를 받았을 때
- 0 초 동안 x: 0 y: 0 만큼 움직이기
- 0 부터 0 사이의 무작위 수
- 만일 참 (다)라면
- 0 ≥ 0
- 변수▼ 값
- 엔트리봇▼ 위치로 이동하기
- 다음▼ 장면 시작하기
- 변수▼ 에 0 만큼 더하기

오브젝트 4 코딩

■ 소스 파일 : 유형05_문제.ent   ■ 정답 파일 : 유형05_정답.ent

 문제 2 [주요블록]을 모두 사용하여 [처리조건]에 따라 개체를 코딩하시오. (80점)

■ '닭' 오브젝트

 '닭' 오브젝트는 '병아리' 오브젝트의 성장 값이 '100'이 되면 '꼬끼오~!'라고 말하며 나타난다. '2'초 뒤 '다음' 장면이 시작된다.

[처리조건]

① 시작하기 버튼을 클릭했을 때
  - 모양 숨기기
② '성공' 신호를 받았을 때
  - '병아리' 위치로 이동하기
  - 모양 보이기
  - '꼬끼오~!' 를 '말하기'
  - '다른 오브젝트의' 코드 멈추기
  - '(ㄷ)' 초 기다리기
  - '다음' 장면 시작하기

[주요블록]

- 마우스포인터 ▼ 위치로 이동하기
- 모든 ▼ 코드 멈추기
- 안녕! 을(를) 말하기 ▼
- 다음 ▼ 장면 시작하기

유형 01 주요 블록 알아보기

코드	블록	설명
움직임	마우스포인터 ▼ 위치로 이동하기	오브젝트가 선택한 오브젝트 또는 마우스 포인터의 위치로 이동합니다.
생김새	모든 ▼ 코드 멈추기	• 모든 : 작품의 모든 블록이 실행을 멈춥니다. • 자신 : 해당 오브젝트의 모든 블록이 실행을 멈춥니다. • 이 코드 : 이 블록이 포함된 블록들이 실행을 멈춥니다. • 자신의 다른 코드 : 해당 오브젝트 중 이 블록이 포함된 블록들을 제외한 모든 블록이 실행을 멈춥니다. • 다른 오브젝트의 : 다른 오브젝트의 모든 블록이 실행을 멈춥니다.
판단	안녕! 을(를) 말하기 ▼	오브젝트가 입력한 내용을 말풍선으로 말하는 동시에 다음 블록을 실행합니다.
자료	다음 ▼ 장면 시작하기	이전 또는 다음 장면을 시작합니다.

유형 02 오브젝트 4 코딩하기

1. 엔트리에서 불러오기( )-[오프라인 작품 불러오기]를 클릭합니다.

2. [열기] 대화상자가 나오면 [출제유형 완전정복]-[출제유형 05]-'우형05_문제.ent' 파일을 선택한 다음 <열기> 단추를 클릭합니다.

3. '닭' 오브젝트를 클릭한 다음 [처리조건]을 확인하고 블록 코드를 완성해 봅니다.

   [처리조건]
   시작하기 버튼을 클릭했을 때
   • 모양 숨기기

   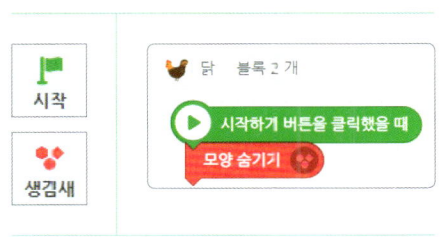

4. 다음 [처리조건]을 확인해 봅니다.

   [처리조건]
   '성공' 신호를 받았을 때
   • '병아리' 위치로 이동하기
   • 모양 보이기
   • '꼬끼오~!'를 '말하기'
   • '다른 오브젝트의' 코드 멈추기
   • '(ㄷ)' 초 기다리기
   • '다음' 장면 시작하기

• 오브젝트 조건('2'초 뒤 '다음' 장면이 시작된다.)을 확인한 다음 처리 조건의 괄호값을 블록 코드에 적용합니다.

❺ ▶시작하기 단추를 클릭한 다음 조건에 맞게 작동되는지 확인해 봅니다.

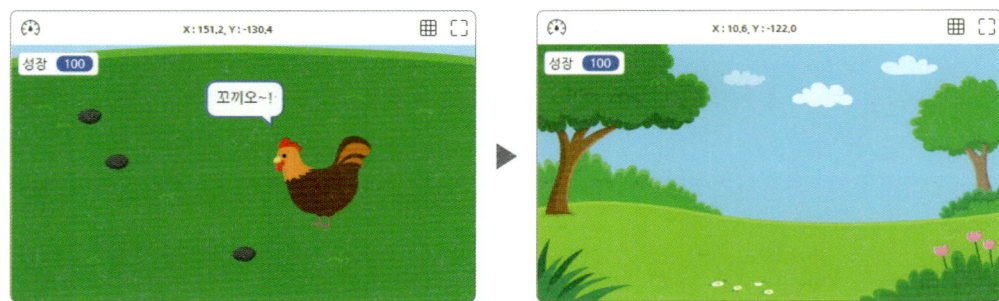

❻ 상단 메뉴에서 [저장하기(💾)]-[저장하기]를 클릭한 다음 본인 이름의 폴더에 저장합니다.

핵심 포인트 리스트 만들기

■ 소스 파일 : 유형_리스트_문제.ent   ■ 정답 파일 : 유형_리스트_정답.ent

▶ 리스트는 시험에 자주 나오는 유형은 아니지만 출제 기준에 있으므로 리스트 블록 코드를 학습해야 합니다.

1 엔트리에서 불러오기()-[오프라인 작품 불러오기]를 클릭합니다.

2 [열기] 대화상자가 나오면 [출제유형 완전정복]-[출제유형 05]-'유형_리스트 문제.ent' 파일을 선택한 다음 <열기> 단추를 클릭합니다.

3 파일이 열리면 리스트를 만들기 위해서 [속성] 탭에서 [리스트]를 클릭하고 <리스트 추가하기> 단추를 클릭합니다. 이어서, 리스트 이름은 '목록'을 입력하고 <리스트 추가> 단추를 클릭합니다.

4 리스트가 나오면 화면 오른쪽 상단에 크기와 위치를 조정합니다.

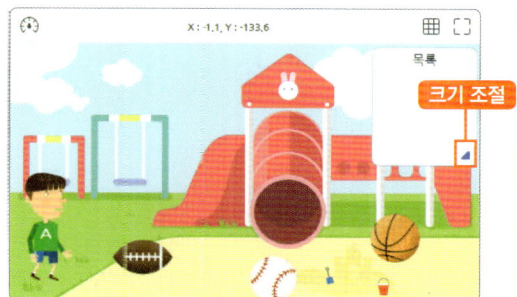

5 이어서, [속성] 탭에서 [변수]를 클릭하고 <변수 추가하기> 단추를 클릭합니다. 이어서, 변수 이름은 '공'을 입력하고 <변수 추가> 단추를 클릭합니다.

핵심 포인트

6 변수가 나오면 화면 왼쪽 상단에 위치를 조정합니다.

7 '아이' 오브젝트를 선택한 다음 블록 코드를 완성해 봅니다.
- 공을 정리해야 겠어!를 '3'초간 말하기

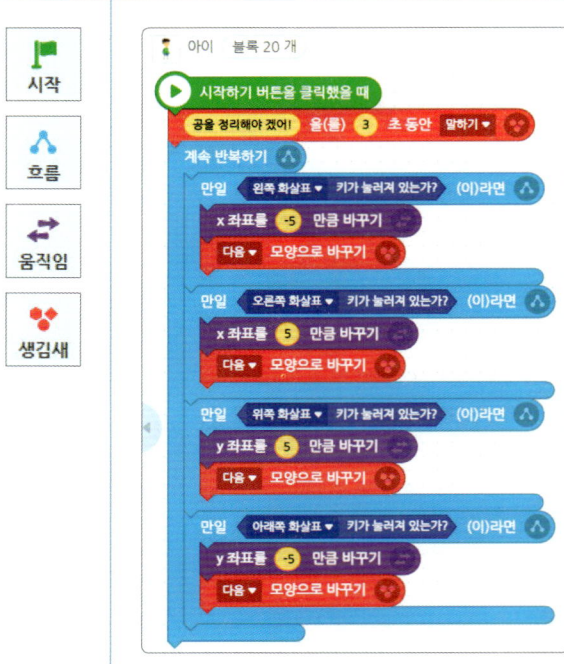

8 '공' 변수의 값이 '3'이면 실행하는 블록 코드를 완성하고 반복하기 블록 코드 안쪽에 연결합니다.
- 말하기는 [계산]의 더하기를 이용해서 만들어 줍니다.

핵심 포인트

9. '럭비공' 오브젝트를 선택한 다음 블록 코드를 완성해 봅니다.
   - '럭비공' 오브젝트가 '아이' 오브젝트에 닿으면 모양을 숨기고 '공' 변수에 1을 더해줍니다.
   - '목록' 리스트는 '럭비공'을 입력하면 리스트에 추가됩니다.

10. '럭비공' 오브젝트의 블록 코드에서 마우스 오른쪽 단추를 눌러 [복사하기]를 클릭합니다. 이어서, '농구공' 오브젝트를 선택한 다음 블록 조립소에서 마우스 오른쪽 단추를 눌러 [붙여넣기]를 클릭합니다.

11. '농구공' 오브젝트의 블록 코드 중 리스트에 추가되는 항목을 수정합니다. 같은 방법으로 '야구공' 오브젝트도 코드 복사를 이용한 다음 블록 코드를 수정합니다.

출제유형 05 · 오브젝트 4 코딩   059

핵심 포인트

12 ▶시작하기 단추를 클릭한 다음 '아이' 오브젝트가 공을 만나면 리스트와 변수에 값이 추가되는지 확인해 봅니다.

13 '아이' 오브젝트를 선택한 다음 블록 코드를 완성해 봅니다.
- '대답' 값이 '목록'의 항목 수 보다 작거나 같으면 리스트 목록을 삭제합니다.
- 그렇지 않으면 '목록에 없는 숫자야.'를 2초간 말합니다.

※ 예를 들어 대답의 숫자가 '1'을 입력했으면 리스트 목록의 '1' 번 항목을 삭제합니다.

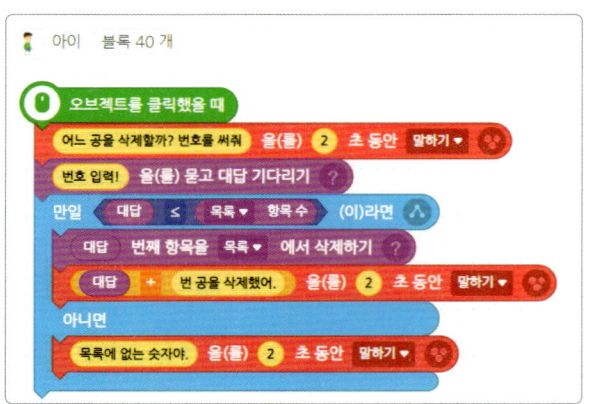

14 ▶시작하기 단추를 클릭한 다음 '아이' 오브젝트를 클릭하고 '목록' 리스트에 있는 내용을 삭제해 봅니다.

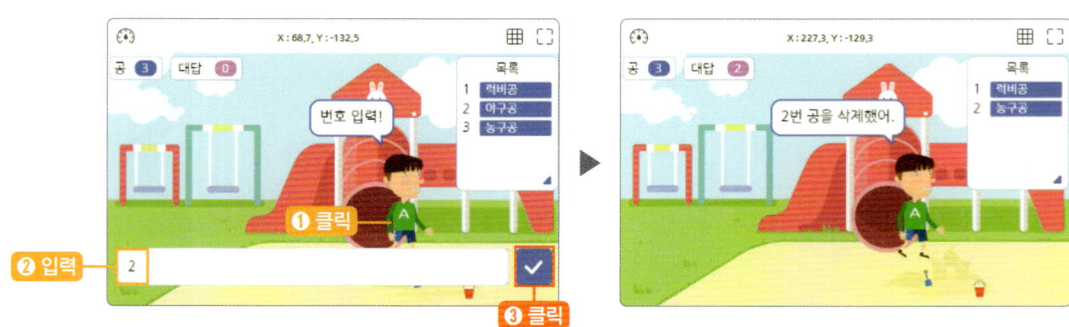

15 상단 메뉴에서 [저장하기(📄)]-[저장하기]를 클릭한 다음 본인 이름의 폴더에 저장합니다.

오브젝트 4 코딩

완전정복 01 다음 오브젝트 조건을 확인한 다음 [처리조건]에 맞게 작업하시오.

📁 소스 파일 : 정복05_문제01.ent 📁 정답 파일 : 정복05_정답01.ent

문제 2 [주요블록]을 모두 사용하여 [처리조건]에 따라 개체를 코딩하시오. (80점)

■ '초침' 오브젝트

'초침'이 가리키는 작은 눈금 한 칸은 1초를 나타낸다. '초침'이 시계를 한 바퀴(360도)를 도는데 걸리는 시간은 1분이므로, '초침'의 방향은 시각(초)에서 '6'을 곱하면 된다.

[처리조건]

① '초' 변수 만들기
(변수 기본 값은 '0', '모든 오브젝트에 사용' 설정하기)
② 시작하기 버튼을 클릭했을 때
 • x: '30', y: '55' 위치로 이동하기
 • 크기를 '120'으로 정하기
 • 계속 반복하기
  - 방향을 현재 '시각(초)' × '(ㄷ)'으로 정하기
  - '초' 를 현재 '시각(초)' 으로 정하기
  - 변수 '초' 보이기
③ '수업시작' 신호를 받았을 때
 • '다음' 장면 시작하기

[주요블록]

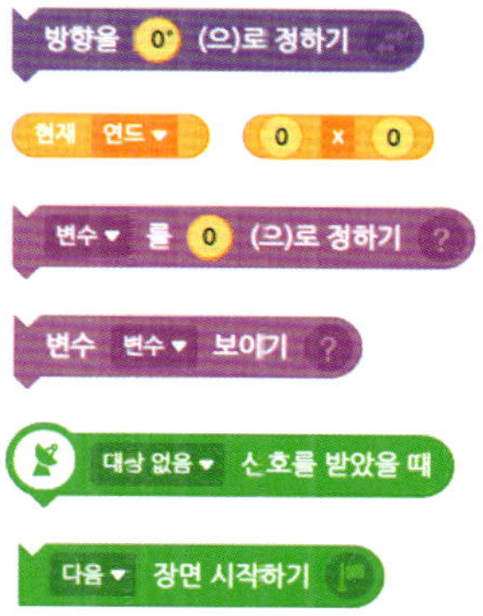

- 방향을 `0°` (으)로 정하기
- 현재 `연도▼` `0` x `0`
- `변수▼` 를 `0` (으)로 정하기
- `변수` `변수▼` 보이기
- `대상 없음▼` 신호를 받았을 때
- `다음▼` 장면 시작하기

 완전정복 02 다음 오브젝트 조건을 확인한 다음 [처리조건]에 맞게 작업하시오.

■ 소스 파일 : 정복05_문제02.ent   ■ 정답 파일 : 정복05_정답02.ent

 문제 2 [주요블록]을 모두 사용하여 [처리조건]에 따라 개체를 코딩하시오. (80점)

■ '별' 오브젝트

 '별' 오브젝트는 '카멜레온' 오브젝트에 닿으면 '성공' 신호를 보낸 후 '다른 오브젝트'의 코드를 멈춘다. '2'초 뒤 '장면 2'가 시작된다.

[처리조건]

① 시작하기 버튼을 클릭했을 때
  • 크기를 '40' 으로 정하기
  • x: '195', y: '-90' 위치로 이동하기
  • '카멜레온' 에 닿을 때까지 반복하기
    - '0.1'초 기다리기
    - '다음' 모양으로 바꾸기
    - 만일 '카멜레온' 에 닿았다면
      └ '성공' 신호 보내기
      └ '다른 오브젝트의' 코드 멈추기
      └ '(ㄷ)'초 기다리기
      └ '장면 2' 시작하기

[주요블록]

- 시작하기 버튼을 클릭했을 때
- 다음▼ 모양으로 바꾸기
- 대상 없음▼ 신호 보내기
- 참 이 될 때까지▼ 반복하기
- 장면 1▼ 시작하기
- 모든▼ 코드 멈추기

다음 오브젝트 조건을 확인한 다음 [처리조건]에 맞게 작업하시오.

 문제 2 [주요블록]을 모두 사용하여 [처리조건]에 따라 개체를 코딩하시오. (80점)

■ '자동문' 오브젝트

'자동문' 오브젝트가 '직원' 오브젝트에 닿았고 '센서등2'의 '모양 번호'가 '2'라면 '다음' 모양으로 바꾼 후 '출입문을 찾았다!'를 '2'초 동안 말한다.

[처리조건]

① 시작하기 버튼을 클릭했을 때
  - 크기를 '160'으로 정하기
  - x: '-180', y: '0' 위치로 이동하기
  - 계속 반복하기
    – 만일 '직원'에 닿았는가? 그리고
      '(ㄷ)'의 '모양 번호'= '2'라면
      └ '다음' 모양으로 바꾸기
      └ '출입문을 찾았다'를 '2'초 동안 말하기'
      └ '2'초 기다리기
      └ '다음' 장면 시작하기

[주요블록]

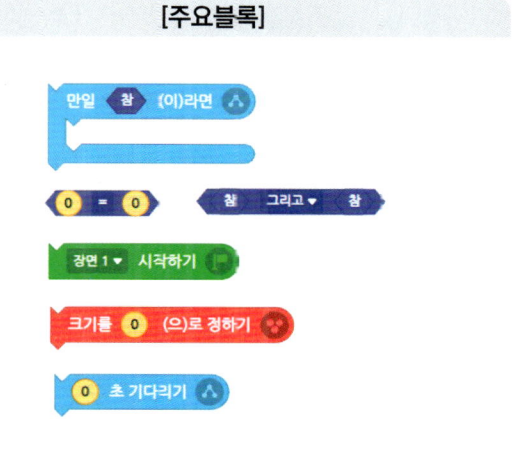

완전정복 04 다음 오브젝트 조건을 확인한 다음 [처리조건]에 맞게 작업하시오.

소스 파일 : 정복05_문제04.ent   정답 파일 : 정복05_정답04.ent

문제 2 [주요블록]을 모두 사용하여 [처리조건]에 따라 개체를 코딩하시오. (80점)

■ '다시하기 버튼' 오브젝트

'다시하기 버튼' 오브젝트를 클릭하면 '처음부터 다시 시작이야'를 '1'초 동안 말하고 처음부터 다시 실행한다. '재시작' 신호를 받았을 때도 처음부터 다시 실행한다.

[처리조건]

① 시작하기 버튼을 클릭했을 때
  - 크기를 '60'으로 정하기
  - x: '-177', y: '-105' 위치로 이동하기
② 오브젝트를 클릭했을 때
  - '처음부터 다시 시작이야'를 '1'초 동안 말하기
  - '0.5'초 기다리기
  - 처음부터 다시 실행하기
③ '재시작' 신호를 받았을 때
  - 처음부터 다시 실행하기

[주요블록]

오브젝트를 클릭했을 때

대상 없음 ▼ 신호를 받았을 때

MEMO

출제유형 06 배경 코딩

■ 소스 파일 : 유형06_문제.ent ■ 정답 파일 : 유형06_정답.ent

문제 2 [주요블록]을 모두 사용하여 [처리조건]에 따라 개체를 코딩하시오. (80점)

■ '숲' 오브젝트

'병아리' 오브젝트가 성장하여 '닭' 오브젝트가 되면 '장면 2'가 시작되고 '미션 성공!' 이라고 말한다.

[처리조건]

① 장면이 시작되었을 때
  - 변수 '성장' 숨기기
  - '미션 성공!'을 '말하기'

[주요블록]

장면이 시작되었을 때

유형 01 주요 블록 알아보기

코드	블록	설명
시작	장면이 시작되었을 때	장면이 시작되면 아래에 연결된 블록들을 실행합니다.

유형 02 배경 코딩하기

① 엔트리에서 불러오기( )-[오프라인 작품 불러오기]를 클릭합니다.

② [열기] 대화상자가 나오면 [출제유형 완전정복]-[출제유형 06]-'유형06_문제.ent' 파일을 선택한 다음 <열기> 단추를 클릭합니다.

❸ '장면 2'를 클릭한 다음 [처리조건]을 확인하고 블록 코드를 완성해 봅니다.

[처리조건]
장면이 시작되었을 때
• 변수 '성장' 숨기기
• '미션 성공!' 을 말하기

❹ '장면 1'을 클릭한 다음 ▶시작하기 단추를 클릭하고 조건에 맞게 작동되는지 확인해 봅니다.

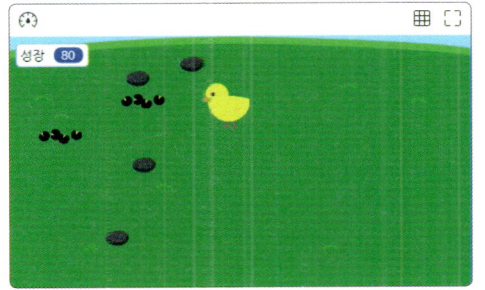

❺ 상단 메뉴에서 [저장하기(🖫▼)]-[저장하기]를 클릭한 다음 본인 이름의 폴더에 저장합니다.

 # 배경 코딩

완전정복 01

■ 소스 파일 : 정복06_문제01.ent ■ 정답 파일 : 정복06_정답01.ent

다음 오브젝트 조건을 확인한 다음 [처리조건]에 맞게 작업하시오.

문제 2 [주요블록]을 모두 사용하여 [처리조건]에 따라 개체를 코딩하시오. (80점)

■ '수업 시작' 배경

'시계판'을 클릭하면 수업이 시작된다고 알려준다.
'시계판'을 클릭하면 '장면 2'가 시작된다.

[처리조건]

① 장면이 시작되었을 때
  • '구분' 숨기기
  • '시' 숨기기
  • '분' 숨기기
  • '초' 숨기기

[주요블록]

장면이 시작되었을 때

변수 변수▼ 숨기기 ?

완전정복 02

■ 소스 파일 : 정복06_문제02.ent ■ 정답 파일 : 정복06_정답02.ent

다음 오브젝트 조건을 확인한 다음 [처리조건]에 맞게 작업하시오.

문제 2 [주요블록]을 모두 사용하여 [처리조건]에 따라 개체를 코딩하시오. (80점)

■ '꽃밭' 배경

'장면 2'가 시작되면 초시계를 숨기고 '미션 성공!'이라고 말한다.

[처리조건]

① 장면이 시작되었을 때
  • 초시계 '숨기기'
  • '미션 성공!'을 '말하기'

[주요블록]

장면이 시작되었을 때

완전정복 03 다음 오브젝트 조건을 확인한 다음 [처리조건]에 맞게 작업하시오.

■ 소스 파일 : 정복06_문제03.ert ■ 정답 파일 : 정복06_정답03.ent

문제 2 [주요블록]을 모두 사용하여 [처리조건]에 따라 개체를 코딩하시오. (80점)

■ '공장 밖' 배경

'직원' 오브젝트가 공장을 빠져나가면 '장면 2'가 시작되며, '탈출 성공!'이라고 말한다.

[처리조건]

① 장면이 시작되었을 때
  • '탈출 성공!'을 '말하기'

[주요블록]

장면이 시작되었을 때

완전정복 04 다음 오브젝트 조건을 확인한 다음 [처리조건]에 맞게 작업하시오.

■ 소스 파일 : 정복06_문제04.ent ■ 정답 파일 : 정복06_정답04.ent

문제 2 [주요블록]을 모두 사용하여 [처리조건]에 따라 개체를 코딩하시오. (80점)

■ '관객석' 배경

'관객석' 장면이 시작되었을 때 '스트라이크' 변수의 값과 '스트라이크'를 합쳐서 '1'초 동안 말하고, '0.5'초를 기다린 다음 '홈런이야~'라고 말한다.

[처리조건]

① 장면이 시작되었을 때
  • '스트라이크' 값과 '스트라이크'를 합치기를 '1'초 동안 말하기
  • '0.5'초 기다리기
  • '홈런이야~'를 말하기

[주요블록]

장면이 시작되었을 때

안녕! 을(를) 4 초 동안 말하기 ▼

안녕! 과(와) 엔트리 를 합치기

안녕! 을(를) 말하기 ▼

프로젝트 개선

■ 소스 파일 : 유형07_문제.ent   ■ 정답 파일 : 유형07_정답.ent

문제 3 [주요블록]을 모두 사용하여 [처리조건]에 따라 프로젝트를 개선하시오. (10점)

■ '숲' 배경

프로젝트를 다시 시작하려면 프로그램을 정지하고 프로그램을 시작해야 해서 불편하다. '장면 2'에서 '숲' 배경을 클릭하면 처음부터 다시 실행하도록 하려고 한다.

[처리조건]	[주요블록]
① 오브젝트를 클릭했을 때 • '색깔' 효과를 '35'으로 정하기 • '처음부터 다시 실행합니다.'를 '말하기' • '2' 초 기다리기 • 처음부터 다시 실행하기	처음부터 다시 실행하기 색깔▼ 효과를 0 (으)로 정하기

유형 01 주요 블록 알아보기

코드	블록	설명
흐름	처음부터 다시 실행하기	작품을 처음부터 다시 실행합니다.
생김새	색깔▼ 효과를 100 (으)로 정하기	오브젝트의 효과를 입력한 값으로 정합니다.

유형 02 프로젝트 개선하기

❶ 엔트리에서 불러오기()-[오프라인 작품 불러오기]를 클릭합니다.

❷ [열기] 대화상자가 나오면 [출제유형 완전정복]-[출제유형 07]-'유형07_문제.ent' 파일을 선택한 다음 <열기> 단추를 클릭합니다.

❸ '장면 2'를 클릭한 다음 [처리조건]을 확인하고 블록 코드를 완성해 봅니다.

[처리조건]	오브젝트를 클릭했을 때 • '색깔' 효과를 '35' 으로 정하기 • '처음부터 다시 실행합니다.'를 '말하기' • '2' 초 기다리기 • 처음부터 다시 실행하기

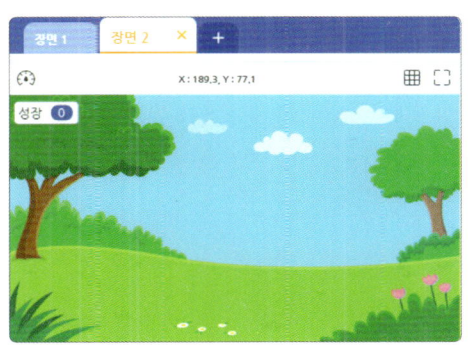

TIP
● 색깔 효과를 '정하기'와 '주기' 블록이 따로 있으니 [처리조건]에 맞게 선택합니다.

❹ '장면 1'을 클릭한 다음 ▶시작하기 단추를 클릭합니다. 이어서, '장면 2'의 '숲' 오브젝트를 클릭하면 조건에 맞게 실행되는지 확인해 봅니다.

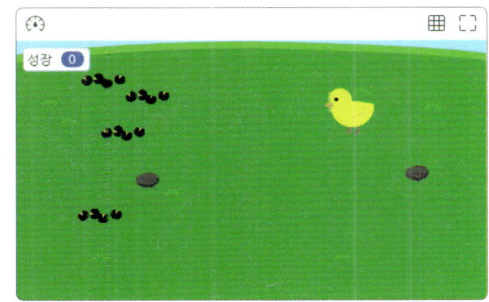

❺ 상단 메뉴에서 [저장하기(🗔▼)]-[저장하기]를 클릭한 다음 본인 이름의 폴더에 저장합니다.

 ## 프로젝트 개선

완전정복 01 소스 파일 : 정복07_문제01.ent   정답 파일 : 정복07_정답01.ent

다음 오브젝트 조건을 확인한 다음 [처리조건]에 맞게 작업하시오.

 문제 3 [주요블록]을 모두 사용하여 [처리조건]에 따라 프로젝트를 개선하시오. (10점)

■ '수업 시작' 배경

'장면 2'에서 '수업 시작' 배경을 클릭하면 처음부터 다시 실행하도록 프로젝트를 개선하려고 한다.

[처리조건]

① 오브젝트를 클릭했을 때
- '색깔' 효과를 '60'으로 정하기
- '처음부터 다시 실행합니다.'를 '말하기'
- '2' 초 기다리기
- 처음부터 다시 실행하기

[주요블록]

완전정복 02 소스 파일 : 정복07_문제02.ent   정답 파일 : 정복07_정답02.ent

다음 오브젝트 조건을 확인한 다음 [처리조건]에 맞게 작업하시오.

 문제 3 [주요블록]을 모두 사용하여 [처리조건]에 따라 프로젝트를 개선하시오. (10점)

■ '꽃밭' 배경

프로젝트를 다시 시작하려면 프로그램을 정지하고 프로그램을 시작해야 해서 불편하다.
'장면 2'에서 '꽃밭' 배경을 클릭하면 처음부터 다시 실행하도록 하려고 한다.

[처리조건]

① 오브젝트를 클릭했을 때
- '색깔' 효과를 '50'으로 정하기
- '처음부터 다시 실행합니다.'를 '말하기'
- '2' 초 기다리기
- 처음부터 다시 실행하기

[주요블록]

다음 오브젝트 조건을 확인한 다음 [처리조건]에 맞게 작업하시오.

■ 소스 파일 : 정복07_문제03.ent　■ 정답 파일 : 정복07_정답03.ent

 문제 3 [주요블록]을 모두 사용하여 [처리조건]에 따라 프로젝트를 개선하시오. (10점)

■ '공장 밖' 배경

프로젝트를 다시 시작하려면 프로그램을 정지하고 프로그램을 시작해야 해서 불편하다.
'장면 2'에서 '공장 밖' 배경을 클릭하면 처음부터 다시 실행하도록 하려고 한다.

[처리조건]

① 오브젝트를 클릭했을 때
- '색깔' 효과를 '50' 만큼 주기
- '처음부터 다시 실행합니다.'를 '말하기'
- '2' 초 기다리기
- 처음부터 다시 실행하기

[주요블록]

다음 오브젝트 조건을 확인한 다음 [처리조건]에 맞게 작업하시오.

■ 소스 파일 : 정복07_문제04.ent　■ 정답 파일 : 정복07_정답04.ent

 문제 3 [주요블록]을 모두 사용하여 [처리조건]에 따라 프로젝트를 개선하시오. (10점)

■ '관객석' 배경

프로젝트를 다시 시작하려면 프로그램을 정지하고 프로그램을 시작해야 해서 불편하다.
'장면 2'에서 '관객석' 배경을 클릭하면 처음부터 다시 실행하도록 하려고 한다.

[처리조건]

① 오브젝트를 클릭했을 때
- '색깔' 효과를 '20' 만큼 주기
- '1' 초 기다리기
- 처음부터 다시 실행하기

[주요블록]

CAT
코딩활용능력 2급
3급 포함

PART 03

코딩활용능력 출제예상 모의고사
제 01~10 회

제 01 회 코딩활용능력 출제예상 모의고사
(CAT : Coding Ability Test)

- **시험과목** : 코딩활용능력 2급 (엔트리)
- **시험일자** : 20XX. XX. XX.(토)
- 응시자 기재사항 및 감독위원 확인

수 검 번 호	CAS – XXXX –	감독위원 확인
성 명		

응시자 유의사항

1. 응시자는 신분증 또는 동등한 자격을 갖춘 증빙서류를 지참하여야 시험에 응시할 수 있으며, 시험이 종료될 때까지 신분증을 제시하지 못할 경우 해당 시험은 0점 처리됩니다.
2. 시스템(PC 작동 여부, 네트워크 상태 등)의 이상 여부를 반드시 확인하여야 하며, 시스템 이상이 있을 시 감독위원에게 조치를 받으셔야 합니다.
3. 시험 중 시스템 오류 또는 시스템 다운 증상에 대해서는 응시자 본인에게 책임이 있습니다.
4. 시험 중 부주의 또는 고의로 시스템을 파손한 경우는 응시자 부담으로 합니다.
5. 엔트리 버전은 최소 2.0.53 이상을 사용하여야 하며, 답안 전송 프로그램을 통하여 배포 받은 파일에 답안을 작성하시기 바랍니다. 감독위원의 지시에 따라 주시기 바랍니다.
6. 작성한 답안 파일은 답안 전송 프로그램을 통하여 자동으로 전송됩니다.
7. 다음 사항의 경우 실격(0점) 혹은 부정행위 처리됩니다.
   ① 답안을 저장하지 않았거나, 저장한 파일이 손상되었을 경우
   ② 답안 파일을 다른 보조 기억장치(USB) 혹은 네트워크(메신저, 게시판 등)로 전송할 경우
   ③ 휴대용 전화기 등 통신장비를 사용할 경우
8. 시험을 완료한 응시자는 답안을 저장하고, 답안 파일이 전송되었는지 확인한 후 감독위원의 지시에 따라 문제지를 제출한 후 퇴실하여야 합니다.
9. 시험시간이 종료된 이후에는 답안이 수정 또는 정정이 불가합니다.
10. 시험문제 공개 및 합격자 발표는 홈페이지(www.ihd.or.kr)에서 확인하시기 바랍니다.
    ① 문제 및 정답 공개 : 20XX. XX. XX.(화)
    ② 합격자 발표 : 20XX. XX. XX.(금)

코딩활용능력 2급 [CAS] 엔트리   [시험시간 : 40분]

[유의사항]

- 각 문제의 정답은 다음과 같은 규칙으로 ENT 파일을 저장하시오.
  - 저장 위치 : 바탕 화면 > KAIT > 제출파일 폴더   - 파일명 : CAS_수검번호_이름.ent
  ※ 예시 : 수검번호가 CAS-0000-0000000이고 수험자 이름이 홍길동인 경우 `CAS_0000000_홍길동.ent`로 저장할 것
- 문제에 제시된 블록코딩 외 임의로 오브젝트 및 블록 등을 추가할 경우 감점 처리됨
- [문제 2~3]은 블록코딩을 원칙으로 하며, 오브젝트 설정 창에서 설정 시 감점 처리됨

프로젝트 설명 ▶ 방송국과 경찰서에서 무작위 순서로 주문한다. 방송국과 경찰서 중 어떤 곳을 먼저 가야 할까? 슈퍼에 들러서 첫 번째 배달할 장소를 대답하면 대답한 순서에 맞춰서 배달을 완료한다. 배달이 완료되면 출발 위치로 돌아와서 배달 완료를 말하고 다음 장면으로 전환된다.

문제 1 다음 [처리조건]에 따라 배경 및 개체를 설정하시오. (10점)

■ 배경 설정하기

[처리조건]	[배경]
① '장면1'에 '약도' 배경을 불러오기 　- 이름을 '**동네 약도**'로 변경하기 ② '장면2'에 '미래 도시' 배경을 불러오기 　- 이름을 '**최첨단 도시**'로 변경하기	① 약도　　② 미래 도시

■ 개체 설정하기 (오브젝트는 순서대로 불러올 것)

[처리조건]

① '경찰서' 오브젝트를 불러오기
　- 이름 **변경 없음**

② '방송국' 오브젝트를 불러오기
　- 이름 **변경 없음**

③ '슈퍼마켓' 오브젝트를 불러오기
　- 이름을 '**슈퍼**'로 변경하기

④ '드론' 오브젝트를 불러오기
　- 이름을 '**드론 택배**'로 변경하기

※ 기존의 '엔트리봇' 오브젝트는 삭제한다.

[오브젝트]

① 경찰서　② 방송국　③ 슈퍼마켓　④ 드론

문제 2 [주요블록]을 모두 사용하여 [처리조건]에 따라 개체를 코딩하시오. (80점)

■ '경찰서' 오브젝트

'경찰서' 오브젝트는 '1'부터 '5' 사이의 무작위 수 초 동안 기다린 후 '주문이요~'를 '1'초 동안 말한다. 이 오브젝트를 클릭했을 때 '이곳은 경찰서입니다.'를 '1'초 동안 말한다.

[처리조건]

① 시작하기 버튼을 클릭했을 때
- x: '-25', y: '80' 위치로 이동하기
- '1부터 5 사이의 무작위 수' 초 기다리기
- '주문이요~'를 '(ㄱ)'초 동안 말하기

② 오브젝트를 클릭했을 때
- '이곳은 경찰서입니다.'를 '1' 초 동안 말하기

■ '방송국' 오브젝트

'방송국' 오브젝트는 '1'부터 '5' 사이의 무작위 수 초 동안 기다린 후 '주문이요~'를 '1'초 동안 말한다. 이 오브젝트를 클릭했을 때 '이곳은 방송국입니다.'를 '1'초 동안 말한다.

[처리조건]

① 시작하기 버튼을 클릭했을 때
- x: '170', y: '-55' 위치로 이동하기
- '1부터 5 사이의 무작위 수' 초 기다리기
- '주문이요~'를 '1'초 동안 말하기

② 오브젝트를 클릭했을 때
- '이곳은 방송국입니다.'를 '1' 초 동안 말하기

■ '슈퍼' 오브젝트

만일 '드론 택배'에 닿았으면, '첫 번째로 배달할 장소는 어딘가요?'를 묻고, 대답한 장소에 맞추어 '방송국' 또는 '경찰서' 신호를 보낸다.

[처리조건]

① '방송국', '경찰서' 신호 만들기
② 시작하기 버튼을 클릭했을 때
  - x: '-180', y: '-90' 위치로 이동하기
  - 크기를 '80'으로 정하기
  - 계속 반복하기
    - 만일 '드론 택배'에 닿았는가? 라면
      └ '첫 번째로 배달할 장소는 어딘가요?'를 묻고 대답 기다리기
      └ '0.5'초 기다리기
      └ 반복 중단하기
  - 만일 '대답' = '방송국' 이라면
    - '방송국' 신호 보내기
  - 만일 '대답' = '경찰서' 라면
    - '(ㄴ)' 신호 보내기

■ '드론 택배' 오브젝트

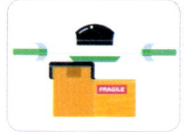

아래쪽 화살표를 누르는 동안 y 좌표를 '-5'만큼 바꾸고, '방송국'과 '경찰서' 중 신호를 먼저 받은 장소에 '2'초 동안 이동하고, 그 후 다른 장소로 이동한다. 배달이 완료된 후 '2'초 동안 처음 시작 위치로 이동한다.

[처리조건]

① 시작하기 버튼을 클릭했을 때
  - x: '-170', y: '-6' 위치로 이동하기
  - 크기를 '70'으로 정하기
  - 계속 반복하기
    - 만일 '아래쪽 화살표' 키가 눌러져 있는가? 라면
      └ y 좌표를 '(ㄷ)' 만큼 바꾸기
② '방송국' 신호를 받았을 때
  - '방송국'에 닿았는가? 이 될 때까지 반복하기
    - '2' 초 동안 '방송국' 위치로 이동하기
  - '0.5' 초 기다리기
  - '경찰서'에 닿았는가? 이 될 때까지 반복하기
    - '2' 초 동안 '경찰서' 위치로 이동하기
  - '1' 초 기다리기
  - '2' 초 동안 x: '-170', y: '-6' 위치로 이동하기
  - '배달 완료~'를 '1' 초 동안 말하기
  - '다음' 장면 시작하기
③ '경찰서' 신호를 받았을 때
  - '경찰서'에 닿았는가? 이 될 때까지 반복하기
    - '2' 초 동안 '경찰서' 위치로 이동하기
  - '0.5'초 기다리기
  - '방송국'에 닿았는가? 이 될 때까지 반복하기
    - '2' 초 동안 '방송국' 위치로 이동하기
  - '1' 초 기다리기
  - '2' 초 동안 x: '-170', y: '-6' 위치로 이동하기
  - '배달 완료~'를 '1' 초 동안 말하기
  - '다음' 장면 시작하기

■ '최첨단 도시' 배경

'드론 택배'의 배달이 모두 완료되면 '장면 2'가 시작되며, '오늘 배달 성공~'이라고 말한다.

[처리조건]

▶ 장면이 시작되었을 때
- '오늘 배달 성공~'을 '2'초 동안 말하기

[주요블록]

장면이 시작되었을 때

안녕! 을(를) 0 초 동안 말하기 ▼

문제 3 [주요블록]을 모두 사용하여 [처리조건]에 따라 프로젝트를 개선하시오. (10점)

■ '최첨단 도시' 배경

프로젝트를 다시 시작하려면 프로그램을 정지하고 다시 시작해야 해서 불편하다. '장면 2'에서 '최첨단 도시' 배경을 클릭하면 처음부터 다시 실행하도록 하려고 한다.

[처리조건]

▶ 오브젝트를 클릭했을 때
- '색깔' 효과를 '10'만큼 주기
- '다시 배달하러 갈게요'를 '2'초 동안 말하기
- 처음부터 다시 실행하기

[주요블록]

오브젝트를 클릭했을 때

색깔 ▼ 효과를 0 만큼 주기

처음부터 다시 실행하기

체크 포인트 1 유형 Y/N

- '키보드 아래쪽 화살표'를 클릭했을 때 '드론 택배' 오브젝트가 '슈퍼' 방향으로 이동하나요?   ☐ Y / ☐ N
- '경찰서'와 '방송국'이 무작위 순서로 '주문이요~'를 말하나요?   ☐ Y / ☐ N
- '슈퍼' 오브젝트에 도착했을 때 '배달을 시작할게요' 라고 물어보나요?   ☐ Y / ☐ N
- '슈퍼' 오브젝트에서 물어보는 질문에 '경찰서'라고 대답하면 '경찰서'에 먼저 배달하러 이동하나요?   ☐ Y / ☐ N
- '경찰서'와 '방송국'에 배달을 완료한 후 '슈퍼' 위치로 이동하나요?   ☐ Y / ☐ N

체크 포인트 2 유형 주관식

- '키보드 아래쪽 화살표'를 클릭했을 때 '드른 택배' 오브젝트가 x 좌표와 y 좌표 중 어느 방향으로 이동하나요?

  - 정답 :

- 프로그램이 실행된 후 '경찰서'와 '방송국'은 (   )에서 (   ) 사이의 초만큼 기다린 후에 '주문이요~'를 말합니다.

  - 정답 :

- '드론 택배' 오브젝트가 '슈퍼' 오브젝트에 닿았을 때 (   )라고 묻고 기다립니다.

  - 정답 :

- '방송국'에 먼저 주문이 들어왔을 경우 '슈퍼'에서 (   )라고 대답해야합니다.

  - 정답 :

- '경찰서'와 '방송국'에 모두 배달을 완료한 후 '드론 택배'는 어느 위치로 이동하나요?

  - 정답 :

제 02 회 코딩활용능력 출제예상 모의고사
(CAT : Coding Ability Test)

- **시험과목** : 코딩활용능력 2급 (엔트리)
- **시험일자** : 20XX. XX. XX.(토)
- 응시자 기재사항 및 감독위원 확인

수 검 번 호	CAS – XXXX –	감독위원 확인
성 명		

응시자 유의사항

1. 응시자는 신분증 또는 동등한 자격을 갖춘 증빙서류를 지참하여야 시험에 응시할 수 있으며, 시험이 종료될 때까지 신분증을 제시하지 못할 경우 해당 시험은 0점 처리됩니다.

2. 시스템(PC 작동 여부, 네트워크 상태 등)의 이상 여부를 반드시 확인하여야 하며, 시스템 이상이 있을 시 감독위원에게 조치를 받으셔야 합니다.

3. 시험 중 시스템 오류 또는 시스템 다운 증상에 대해서는 응시자 본인에게 책임이 있습니다.

4. 시험 중 부주의 또는 고의로 시스템을 파손한 경우는 응시자 부담으로 합니다.

5. 엔트리 버전은 최소 2.0.53 이상을 사용하여야 하며, 답안 전송 프로그램을 통하여 배포 받은 파일에 답안을 작성하시기 바랍니다. 감독위원의 지시에 따라 주시기 바랍니다.

6. 작성한 답안 파일은 답안 전송 프로그램을 통하여 자동으로 전송됩니다.

7. 다음 사항의 경우 실격(0점) 혹은 부정행위 처리됩니다.
   ① 답안을 저장하지 않았거나, 저장한 파일이 손상되었을 경우
   ② 답안 파일을 다른 보조 기억장치(USB) 혹은 네트워크(메신저, 게시판 등)로 전송할 경우
   ③ 휴대용 전화기 등 통신장비를 사용할 경우

8. 시험을 완료한 응시자는 답안을 저장하고, 답안 파일이 전송되었는지 확인한 후 감독위원의 지시에 따라 문제지를 제출한 후 퇴실하여야 합니다.

9. 시험시간이 종료된 이후에는 답안이 수정 또는 정정이 불가합니다.

10. 시험문제 공개 및 합격자 발표는 홈페이지(www.ihd.or.kr)에서 확인하시기 바랍니다.
    ① 문제 및 정답 공개 : 20XX. XX. XX.(화)
    ② 합격자 발표 : 20XX. XX. XX.(금)

코딩활용능력 2급 [CAS] 엔트리 | [시험시간 : 40분]

[유의사항]

- 각 문제의 정답은 다음과 같은 규칙으로 ENT 파일을 저장하시오.
  - 저장 위치 : 바탕 화면 > KAIT > 제출파일 폴더   - 파일명 : CAS_수검번호_이름.ent
  ※ 예시 : 수검번호가 CAS-0000-000000이고 수험자 이름이 홍길동인 경우 "CAS_000000_홍길동.ent"로 저장할 것
- 문제에 제시된 블록코딩 외 임의로 오브젝트 및 블록 등을 추가할 경우 감점 처리됨
- [문제 2~3]은 블록코딩을 원칙으로 하며, 오브젝트 설정 창에서 설정 시 감점 처리됨

프로젝트 설명 ▶ 산타가 크리스마스 선물을 준비하고 있다. 위에서 떨어지는 선물상자를 몇 개 담아야할까? 키보드 왼쪽과 오른쪽 화살표를 사용해서 산타를 좌우로 움직이고 스페이스를 클릭했을 때 점프한다. 선물 값이 5개가 되면 루돌프가 화면에 보여지고 다음 장면으로 전환된다.

문제 1 다음 [처리조건]에 따라 배경 및 개체를 설정하시오. (10점)

■ 배경 설정하기

[처리조건]	[배경]	
① '장면1'에 '크리스마스 마을 풍경' 배경을 불러오기 　– 이름을 '**마을**'로 변경하기 ② '장면2'에 '크리스마스 집안' 배경을 불러오기 　– 이름을 '**크리스마스**'로 변경하기	① 크리스마스 마을 풍경	② 크리스마스 집안

■ 개체 설정하기 (오브젝트는 순서대로 불러올 것)

[처리조건]	[오브젝트]	
① '산타' 오브젝트를 불러오기 　– 이름 **변경 없음** ② '루돌프' 오브젝트를 불러오기 　– 이름 **변경 없음** ③ '선물상자_분홍' 오브젝트를 불러오기 　– 이름을 '**선물상자**'로 변경하기 ④ '판' 오브젝트를 불러오기 　– 이름을 '**발판**'으로 변경하기 ※ 기존의 '엔트리봇' 오브젝트는 삭제한다.	① 산타	② 루돌프
	③ 선물상자_분홍	④ 판

문제 2 [주요블록]을 모두 사용하여 [처리조건]에 따라 개체를 코딩하시오. (80점)

■ '산타' 오브젝트

'산타'는 키보드의 오른쪽과 왼쪽 화살표를 누르면 산타의 모양을 바꾸면서 이동할 수 있고, 스페이스를 누르면 위로 점프할 수 있다. 만일 '아래쪽 벽'에 닿으면 '모든' 코드가 멈추고, 만일 '선물' 값이 '5'와 같다면 '성공' 신호를 보낸다.

[처리조건]

① '움직임', '성공' 신호 만들기
② '선물' 변수 만들기
   (변수 기본 값은 '0', '모든 오브젝트에 사용' 설정하기)
③ 시작하기 버튼을 클릭했을 때
   - x: '-220', y: '150' 위치로 이동하기
   - 크기를 '50'으로 정하기
   - '움직임' 신호 보내기
   - 계속 반복하기
     - '발판'에 닿았는가? 이 될 때까지 반복하기
       └ y 좌표를 '-5'만큼 바꾸기
     - 만일 '아래쪽 벽'에 닿았는가? 라면
       > '모든' 코드 멈추기
     - 만일 '선물' 값 = (ㄱ) 라면
       > '성공' 신호 보내기
④ '움직임' 신호를 받았을 때
   - 계속 반복하기
     - 만일 '왼쪽 화살표' 키가 눌러져 있는가? 라면
       └ 만일 '산타'의 'x좌표값' > '-220' 이라면
         > x 좌표를 '-3' 만큼 바꾸기
         > '산타_3' 모양으로 바꾸기
     - 만일 '오른쪽 화살표' 키가 눌러져 있는가? 라면
       └ 만일 '산타'의 'x좌표값' < '220' 이라면
         > x 좌표를 '3' 만큼 바꾸기
         > '산타_6' 모양으로 바꾸기
⑤ '움직임' 신호를 받았을 때
   - 계속 반복하기
     - 만일 '스페이스' 키가 눌러져 있는가? 라면
       └ '20' 번 반복하기
         > y 좌표를 '10' 만큼 바꾸기
       └ '0.5' 초 기다리기

■ '루돌프' 오브젝트

프로젝트가 시작되었을 때 모양을 숨겼다가 '성공' 신호를 받았을 때 모양을 보이고, '선물 배달하러 가요'를 말한다. 이후 '1'초 기다린 후 '다음' 장면을 시작한다.

[처리조건]

① 시작하기 버튼을 클릭했을 때
   - 모양 숨기기
   - x: '160', y: '-65' 위치로 이동하기
② '성공' 신호를 받았을 때
   - 모양 보이기
   - '선물 배달하러 가요'를 말하기
   - '1' 초 기다리기
   - '다음' 장면 시작하기

■ '선물상자' 오브젝트

'선물상자' 오브젝트는 프로젝트가 시작된 후 '발판'에 닿을 때까지 반복해서 y 좌표를 '-2'만큼 바꾸면서 아래로 떨어진다. 만일 '산타'에 닿으면 '선물' 변수에 '1'만큼 더한 후 복제본을 삭제하고, 만일 '아래쪽 벽'에 닿으면 복제본을 삭제한다.

[처리조건]

① 시작하기 버튼을 클릭했을 때
- 모양 숨기기
- 계속 반복하기
  - '0.5부터 2 사이의 무작위 수' 초 기다리기
  - '자신'의 복제본 만들기

② 복제본이 처음 생성되었을 때
- x: '-220부터 220 사이의 무작위 수' y: '150' 위치로 이동하기
- 크기를 '40부터 80 사이의 무작위 수'로 정하기
- 모양 보이기
- 계속 반복하기
  - '발판'에 닿았는가? 이 될 때까지 반복하기
    └ y 좌표를 '-2'만큼 바꾸기
    └ 만일 '산타'에 닿았는가? 라면
      > '선물'에 '(ㄴ)'만큼 더하기
      > '0.1' 초 기다리기
      > 이 복제본 삭제하기
    └ 만일 '아래쪽 벽'에 닿았는가? 라면
      > 이 복제본 삭제하기

■ '발판' 오브젝트

'발판' 오브젝트는 프로젝트가 시작되면 자신의 복제본을 '10'번 반복해서 만든다. 복제본이 처음 생성되었을 때 계속해서 x 좌표는 '자신의 x 좌표값' y 좌표는 '100' 위치로 이동하고, '아래쪽 벽'에 닿을 때까지 y 좌표를 '-1' 만큼 바꾼다.

[처리조건]

① 시작하기 버튼을 클릭했을 때
- x: '-220', y: '100' 위치로 이동하기
- 크기를 '40'으로 정하기
- 모양 숨기기
- '(ㄷ)' 번 반복하기
  - '자신'의 복제본 만들기
  - x 좌표를 '100' 만큼 바꾸기
  - '0.5부터 1 사이의 무작위 수' 초 기다리기

② 복제본이 처음 생성되었을 때
- 모양 보이기
- 계속 반복하기
  - x: '자신'의 'x좌표값', y: '100' 위치로 이동하기
  - '아래쪽 벽'에 닿았는가? 이 될 때까지 반복하기
    └ y 좌표를 '-1' 만큼 바꾸기

■ '크리스마스' 배경

 장면이 시작되었을 때 '와~ 선물이다!'를 말하고 '선물' 변수를 숨긴다.

[처리조건]	[주요블록]
▶ 장면이 시작되었을 때 • '와~ 선물이다'를 말하기 • 변수 '선물' 숨기기	장면이 시작되었을 때 안녕! 을(를) 말하기 변수 변수▼ 숨기기

문제 3 [주요블록]을 모두 사용하여 [처리조건]에 따라 프로젝트를 개선하시오. (10점)

■ '크리스마스' 배경

 프로젝트를 다시 시작하려면 프로그램을 정지하고 다시 시작해야 해서 불편하다. '장면 2'에서 '크리스마스' 배경을 클릭하면 처음부터 다시 실행하도록 프로젝트를 수정한다.

[처리조건]	[주요블록]
▶ 오브젝트를 클릭했을 때 • '색깔' 효과를 '80'만큼 주기 • '처음부터 다시 실행합니다.'를 '2'초 동안 말하기 • '2' 초 기다리기 • 처음부터 다시 실행하기	색깔▼ 효과를 0 만큼 주기 0 초 기다리기 처음부터 다시 실행하기

체크 포인트 1 유형 Y/N

- '키보드 방향키'와 '스페이스' 키를 눌렀을 때 '산타'의 위치가 변경되나요? □ Y / □ N
- '루돌프'는 프로젝트가 처음 시작되었을 때 화면에 보이나요? □ Y / □ N
- '선물상자'의 복제본이 생성될 때마다 크기가 일정하게 생성되나요? □ Y / □ N
- '선물' 변수의 값이 10이 되어야 '루돌프'가 보여지나요? □ Y / □ N
- '산타'가 아래쪽 벽에 닿으면 모든 코드가 멈추나요? □ Y / □ N

체크 포인트 2 유형 주관식

- '산타'가 위쪽 방향으로 점프하기 위해서는 키보드의 (   ) 키를 눌러야 합니다.

  - 정답 :

- '산타'가 '선물'에 닿으면 '선물' 변수에 (   ) 만큼 더합니다

  - 정답 :

- '선물' 변수의 값이 (   ) 가 되어야 '성공' 신호를 보냅니다.

  - 정답 :

- '산타'가 (   ) 에 닿으면 모든 코드가 멈추기 때문에 조심허야 합니다.

  - 정답 :

- (   )가 '성공' 신호를 받았을 따 화면에 보이고, '선물 배달하러 가요'를 말하며 '다음' 장면이 시작됩니다.

  - 정답 :

제 03 회 코딩활용능력 출제예상 모의고사
(CAT : Coding Ability Test)

- **시험과목** : 코딩활용능력 2급 (엔트리)
- **시험일자** : 20XX. XX. XX.(토)
- 응시자 기재사항 및 감독위원 확인

(A)

수검번호	CAS – XXXX –	감독위원 확인
성 명		

응시자 유의사항

1. 응시자는 신분증 또는 동등한 자격을 갖춘 증빙서류를 지참하여야 시험에 응시할 수 있으며, 시험이 종료될 때까지 신분증을 제시하지 못할 경우 해당 시험은 0점 처리됩니다.

2. 시스템(PC 작동 여부, 네트워크 상태 등)의 이상 여부를 반드시 확인하여야 하며, 시스템 이상이 있을 시 감독위원에게 조치를 받으셔야 합니다.

3. 시험 중 시스템 오류 또는 시스템 다운 증상에 대해서는 응시자 본인에게 책임이 있습니다.

4. 시험 중 부주의 또는 고의로 시스템을 파손한 경우는 응시자 부담으로 합니다.

5. 엔트리 버전은 최소 2.0.53 이상을 사용하여야 하며, 답안 전송 프로그램을 통하여 배포 받은 파일에 답안을 작성하시기 바랍니다. 감독위원의 지시에 따라 주시기 바랍니다.

6. 작성한 답안 파일은 답안 전송 프로그램을 통하여 자동으로 전송됩니다.

7. 다음 사항의 경우 실격(0점) 혹은 부정행위 처리됩니다.
   ① 답안을 저장하지 않았거나, 저장한 파일이 손상되었을 경우
   ② 답안 파일을 다른 보조 기억장치(USB) 혹은 네트워크(메신저, 게시판 등)로 전송할 경우
   ③ 휴대용 전화기 등 통신장비를 사용할 경우

8. 시험을 완료한 응시자는 답안을 저장하고, 답안 파일이 전송되었는지 확인한 후 감독위원의 지시에 따라 문제지를 제출한 후 퇴실하여야 합니다.

9. 시험시간이 종료된 이후에는 답안이 수정 또는 정정이 불가합니다.

10. 시험문제 공개 및 합격자 발표는 홈페이지(www.ihd.or.kr)에서 확인하시기 바랍니다.
    ① 문제 및 정답 공개 : 20XX. XX. XX.(화)
    ② 합격자 발표 : 20XX. XX. XX.(금)

한국정보통신진흥협회 KAIT

코딩활용능력 2급 [CAS] 엔트리 | [시험시간 : 40분]

[유의사항]

- 각 문제의 정답은 다음과 같은 규칙으로 ENT 파일을 저장하시오.
  - 저장 위치 : 바탕 화면 > KAIT > 제출파일 폴더   - 파일명 : CAS_수검번호_이름.ent
  - ※ 예시 : 수검번호가 CAS-0000-000000이고 수험자 이름이 홍길동인 경우 "CAS_000000_홍길동.ent"로 저장할 것
- 문제에 제시된 블록코딩 외 임의로 오브젝트 및 블록 등을 추가할 경우 감점 처리됨
- [문제 2~3]은 블록코딩을 원칙으로 하며, 오브젝트 설정 창에서 설정 시 감점 처리됨

프로젝트 설명 ▶ 신호등에 표시된 색상을 보고 자동차가 움직인다. 갑자기 튀어나온 고양이와 부딪히지 않았나? 자동차와 고양이까지의 거리가 '120' 미만이면 위험 신호를 보내고 자신의 코드를 멈춘다. 고양이가 지나간 후 신호등이 초록색이면 자동차의 이동 방향으로 반복하여 움직인다.

문제 1 다음 [처리조건]에 따라 배경 및 개체를 설정하시오. (10점)

■ **배경 설정하기**

[처리조건]	[배경]
① '장면1'에 '마을' 배경을 불러오기 　- 이름 **변경 없음** ② '장면2'에 '길거리(1)' 배경을 불러오기 　- 이름을 '**도로**'로 변경하기	① 마을　　　　　② 길거리(1)

■ **개체 설정하기**(오브젝트는 순서대로 불러올 것)

[처리조건]	[오브젝트]
① '신호등(2)' 오브젝트를 불러오기 　- 이름을 '**신호등**'으로 변경하기 ② '소녀(3)' 오브젝트를 불러오기 　- 이름을 '**산책하는 사람**'으로 변경하기 ③ '빨간 자동차' 오브젝트를 불러오기 　- 이름을 '**자동차**'로 변경하기 ④ '아기 고양이(1)' 오브젝트를 불러오기 　- 이름을 '**고양이**'로 변경하기 ※ 기존의 '엔트리봇' 오브젝트는 삭제한다.	① 신호등(2)　② 소녀(3)  　 ③ 빨간 자동차　④ 아기 고양이(1)

문제 2 [주요블록]을 모두 사용하여 [처리조건]에 따라 개체를 코딩하시오. (80점)

■ '신호등' 오브젝트

'신호등'은 프로젝트가 시작했을 때 y 좌표를 '100' 위치로 이동하도록 설정하고, '3'초 기다린 후에 '신호등'이 빨간색으로 표시되도록 모양을 바꾼 다음 '정지' 신호를 보낸다. 이후 '2'초 기다린 후 '신호등'이 초록색으로 표시되도록 모양을 바꾸며 '출발' 신호를 보낸다.

[처리조건]

① '위험', '정지', '출발' 신호 만들기

② 시작하기 버튼을 클릭했을 때
- y: '(ㄱ)' 위치로 이동하기
- '3' 초 기다리기
- '신호등(2)_빨강' 모양으로 바꾸기
- '정지' 신호 보내기
- '2' 초 기다리기
- '신호등(2)_초록' 모양으로 바꾸기
- '출발' 신호 보내기

[주요블록]

- 시작하기 버튼을 클릭했을 때
- x: 0 y: 0 위치로 이동하기
- 크기를 0 (으)로 정하기
- y: 0 위치로 이동하기
- 0 초 기다리기
- 엔트리봇_걷기1 ▼ 모양으로 바꾸기
- 대상 없음 ▼ 신호 보내기

■ '산책하는 사람' 오브젝트

'산책하는 사람'은 x 좌표를 '-10'만큼 바꾸면서 '다음' 모양으로 변경하며 길을 걷다가 '위험' 신호를 받으면 '위험해!'를 '1'초 동안 말하고 '1.5'초 기다린 후에 다시 길을 걷는다.

[처리조건]

① 시작하기 버튼을 클릭했을 때
- x: '180', y: '6' 위치로 이동하기
- 계속 반복하기
  - x 좌표를 '-10'만큼 바꾸기
  - '0.5' 초 기다리기
  - '다음' 모양으로 바꾸기

② '(ㄴ)' 신호를 받았을 때
- '위험해!'를 '1' 초 동안 말하기
- '1.5' 초 기다리기

[주요블록]

■ '자동차' 오브젝트

이동 방향으로 '10'만큼 계속 반복해서 움직이다가 '고양이'까지의 거리가 '120' 미만이라면 '위험' 신호를 보내면서 '자신의' 코드를 멈춘다. 다시 '출발' 신호를 받으면 '자동차'가 이동 방향으로 움직이며 '오른쪽 벽'에 닿을 경우 '다음' 장면이 시작된다.

[처리조건]

① 시작하기 버튼을 클릭했을 때
- x: '-155', y: '-59' 위치로 이동하기
- 계속 반복하기
  - 이동 방향으로 '10'만큼 움직이기
  - '0.1' 초 기다리기
  - 만약 '고양이'까지의 거리 < '(ㄷ)' 이라면
    - '위험' 신호 보내기
    - '자신의' 코드 멈추기

② '정지' 신호를 받았을 때
- '자신의' 코드 멈추기

③ '출발' 신호를 받았을 때
- 계속 반복하기
  - 이동 방향으로 '10'만큼 움직이기
  - '0.1' 초 기다리기
  - 만일 '오른쪽 벽'에 닿았는가? 라면
  - '다음' 장면 시작하기

[주요블록]

■ '고양이' 오브젝트

'고양이'는 프로젝트가 시작되면 x 좌표의 값이 무작위 수로 설정되어 달리고 있는 '자동차' 쪽으로 이동한다.

[처리조건]

① 시작하기 버튼을 클릭했을 때
- x: '-50부터 50 사이의 무작위 수'
  y: '-120' 위치로 이동하기
- '1'초 동안 x: '-50부터 50 사이의 무작위 수'
  y: '-50' 위치로 이동하기
- '1' 번 반복하기
  - 0.5'초 기다리기
  - 0.5'초 동안 x: '0', y: '0' 위치로 이동하기
  - 모양 숨기기

[주요블록]

■ '도로' 배경

'도로' 장면이 시작되었을 때 '무사히 집에 도착했어'를 '2'초 동안 말한다.

[처리조건]	[주요블록]
▶ 장면이 시작되었을 때 　• '무사히 집에 도착했어'를 '2'초 동안 말하기	장면이 시작되었을 때 안녕! 을(를) 0 초 동안 말하기▼

문제 ③ [주요블록]을 모두 사용하여 [처리조건]에 따라 프로젝트를 개선하시오. (10점)

■ '도로' 배경

프로젝트를 다시 시작하려면 프로그램을 정지하고 다시 시작해야 해서 불편하다. '도로' 배경을 클릭하면 처음부터 다시 실행하도록 프로젝트를 개선하려고 한다.

[처리조건]	[주요블록]
▶ 오브젝트를 클릭했을 때 　• '처음부터 다시 실행할게요'를 말하기 　• '색깔' 효과를 '10' 만큼 주기 　• '1' 초 기다리기 　• 처음부터 다시 실행하기	오브젝트를 클릭했을 때 안녕! 을(를) 말하기▼ 색깔▼ 효과를 0 만큼 주기 처음부터 다시 실행하기

체크 포인트 1 유형 Y/N

- 프로젝트가 시작할 때 자동으로 '자동차'가 왼쪽에서 오른쪽 방향으로 이동하나요? ☐ Y / ☐ N
- '신호등'이 초록색이더라도 '자동차'가 '고양이'에 닿으면 멈추나요? ☐ Y / ☐ N
- '고양이'가 '자동차'와 가까워진 후 계속해서 화면에 남아 있나요? ☐ Y / ☐ N
- '산책하는 사람'은 '자동차' 방향과 똑같이 왼쪽에서 오른쪽 방향으로 이동하나요? ☐ Y / ☐ N
- '자동차'가 오른쪽 벽에 닿았을 때 다음 장면이 시작되나요? ☐ Y / ☐ N

체크 포인트 2 유형 주관식

- '신호등'을 동작하는 신호는 '정지' 신호와 (　　　) 신호입니다.

  - 정답 :

- '산책하는 사람'은 (　　　) 신호를 받았을 때 '위험해!'를 '1' 초 동안 말합니다.

  - 정답 :

- '자동차'와 '고양이'까지의 거리가 (　　　) 이라면 '위험' 신호를 보내고 '자신의' 코드를 멈춥니다.

  - 정답 :

- '자동차'가 '오른쪽 벽'에 닿았을 때 (　　　) 장면이 시작됩니다.

  - 정답 :

- '고양이'는 프로젝트가 시작할 때 x좌표는 (　　　)부터 (　　　) 사이의 무작위 수의 위치로 이동합니다.

  - 정답 :

제 04 회 코딩활용능력 출제예상 모의고사
(CAT : Coding Ability Test)

- **시험과목 :** 코딩활용능력 2급 (엔트리)
- **시험일자 :** 20XX. XX. XX.(토)
- 응시자 기재사항 및 감독위원 확인

수 검 번 호	CAS – XXXX –	감독위원 확인
성 명		

응시자 유의사항

1. 응시자는 신분증 또는 동등한 자격을 갖춘 증빙서류를 지참하여야 시험에 응시할 수 있으며, 시험이 종료될 때까지 신분증을 제시하지 못할 경우 해당 시험은 0점 처리됩니다.
2. 시스템(PC 작동 여부, 네트워크 상태 등)의 이상 여부를 반드시 확인하여야 하며, 시스템 이상이 있을 시 감독위원에게 조치를 받으셔야 합니다.
3. 시험 중 시스템 오류 또는 시스템 다운 증상에 대해서는 응시자 본인에게 책임이 있습니다.
4. 시험 중 부주의 또는 고의로 시스템을 파손한 경우는 응시자 부담으로 합니다.
5. 엔트리 버전은 최소 2.0.53 이상을 사용하여야 하며, 답안 전송 프로그램을 통하여 배포 받은 파일에 답안을 작성하시기 바랍니다. 감독위원의 지시에 따라 주시기 바랍니다.
6. 작성한 답안 파일은 답안 전송 프로그램을 통하여 자동으로 전송됩니다.
7. 다음 사항의 경우 실격(0점) 혹은 부정행위 처리됩니다.
   ① 답안을 저장하지 않았거나, 저장한 파일이 손상되었을 경우
   ② 답안 파일을 다른 보조 기억장치(USB) 혹은 네트워크(메신저, 게시판 등)로 전송할 경우
   ③ 휴대용 전화기 등 통신장비를 사용할 경우
8. 시험을 완료한 응시자는 답안을 저장하고, 답안 파일이 전송되었는지 확인한 후 감독위원의 지시에 따라 문제지를 제출한 후 퇴실하여야 합니다.
9. 시험시간이 종료된 이후에는 답안이 수정 또는 정정이 불가합니다.
10. 시험문제 공개 및 합격자 발표는 홈페이지(www.ihd.or.kr)에서 확인하시기 바랍니다.
    ① 문제 및 정답 공개 : 20XX. XX. XX.(화)
    ② 합격자 발표 : 20XX. XX. XX.(금)

코딩활용능력 2급 [CAS] 엔트리 | [시험시간 : 40분]

[유의사항]

- 각 문제의 정답은 다음과 같은 규칙으로 ENT 파일을 저장하시오.
  - 저장 위치 : 바탕 화면 > KAIT > 제출파일 폴더   - 파일명 : CAS_수검번호_이름.ent
  - ※ 예시 : 수검번호가 CAS-0000-0000000이고 수험자 이름이 홍길동인 경우 "CAS_000000_홍길동.ent"로 저장할 것
- 문제에 제시된 블록코딩 외 임의로 오브젝트 및 블록 등을 추가할 경우 감점 처리됨
- [문제 2~3]은 블록코딩을 원칙으로 하며, 오브젝트 설정 창에서 설정 시 감점 처리됨

프로젝트 설명 ▶ 수업 준비물을 준비해야 한다. 준비물은 총 3개였지?
초시계를 누르면 여학생이 준비물 관련해서 힌트를 알려준다. 남학생이 힌트를 듣고 3개의 준비물을 말하면 선생님의 모습이 보여진다.

  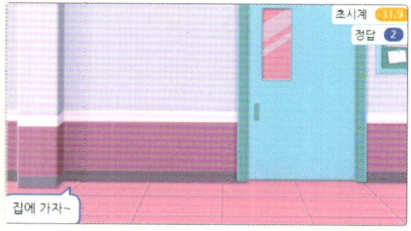

문제 1. 다음 [처리조건]에 따라 배경 및 개체를 설정하시오. (10점)

■ 배경 설정하기

[처리조건]	[배경]	
① '장면1'에 '교실(2)' 배경을 불러오기 　- 이름을 '**교실**'로 변경하기 ② '장면2'에 '학교 복도' 배경을 불러오기 　- 이름을 '**복도**'로 변경하기	① 교실(2)	② 학교 복도

■ 개체 설정하기 (오브젝트는 순서대로 불러올 것)

[처리조건]	[오브젝트]	
① '시계' 오브젝트를 불러오기 　- 이름을 '**초시계**'로 변경하기 ② '소년(3)' 오브젝트를 불러오기 　- 이름을 '**남학생**'으로 변경하기 ③ '소녀(5)' 오브젝트를 불러오기 　- 이름을 '**여학생**'으로 변경하기 ④ '선생님(3)' 오브젝트를 불러오기 　- 이름을 '**선생님**'으로 변경하기 ※ 기존의 '엔트리봇' 오브젝트는 삭제한다.	① 시계 ③ 소녀(5)	② 소년(3) ④ 선생님(3)

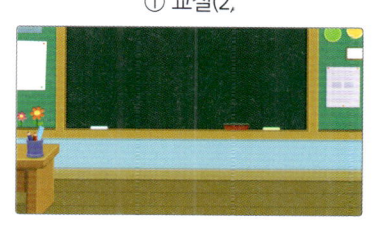 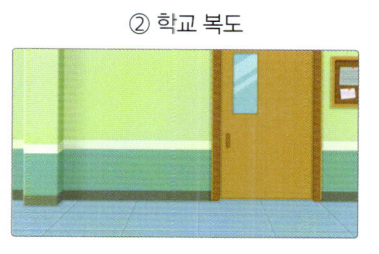

문제 2 [주요블록]을 모두 사용하여 [처리조건]에 따라 개체를 코딩하시오. (80점)

■ '초시계' 오브젝트

'힌트'와 '종료' 신호를 만들고 '정답' 변수를 생성한 다음 기본 값은 '0'으로 설정한다. 프로젝트가 시작되었을 때 초시계를 '초기화'하고, '초시계' 오브젝트를 클릭했을 때 '힌트' 신호를 보내고 '대답'을 숨기기 한다.

[처리조건]

① '힌트', '종료' 신호 만들기

② '정답' 변수 만들기
 (변수 기본 값은 '0', '모든 오브젝트에 사용' 설정하기)

③ 시작하기 버튼을 클릭했을 때
- x: '-3', y: '65' 위치로 이동하기
- 크기를 '60'으로 정하기
- 초시계 '(ㄱ)'하기
- '2'초 기다리기

④ 오브젝트를 클릭했을 때
- '힌트' 신호 보내기
- '대답' 숨기기

■ '남학생' 오브젝트

'남학생'은 프로젝트가 시작하면 지정된 위치로 이동하고 '오늘 준비물이 뭐였지?'를 '2'초 동안 말한다.

[처리조건]

① 시작하기 버튼을 클릭했을 때
- x: '122', y: '-70' 위치로 이동하기
- '오늘 준비물이 뭐였지?'를 '2'초 동안 말하기

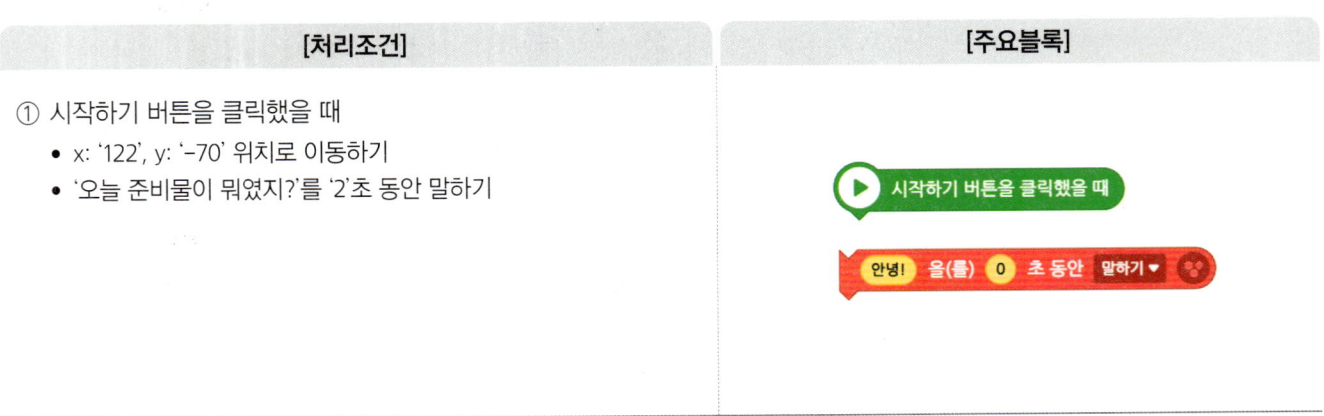

■ '여학생' 오브젝트

'여학생'은 '힌트' 신호를 받았을 때 초시계가 시작되고, 3번의 힌트를 묻고 대답을 기다린다. 만일 '대답'이 '연필', '그림책', '가위'와 같다면 '정답' 변수에 '1'만큼 더하고 아니면 '아니야'를 '1'초 동안 말한다. 힌트 3번이 끝나면 초시계를 '정지하기'로 설정하고 '종료' 신호를 보낸다.

[처리조건]

① 시작하기 버튼을 클릭했을 때
- x: '-140', y: '-70' 위치로 이동하기
- '2'초 기다리기
- '초시계를 누르면 힌트를 줄게'를 '2'초 동안 말하기

② '(ㄴ)' 신호를 받았을 때
- 초시계 '시작하기'
- '필기할 때 필요해'를 묻고 대답 기다리기
- 만일 '대답' = '연필'이라면
  - '정답'에 '1'만큼 더하기
- 아니면
  - '아니야'를 '1'초 동안 말하기
- '그림을 그릴 수 있는 책'을 묻고 대답 기다리기
- 만일 '대답' = '그림책'이라면
  - '정답'에 '1'만큼 더하기
- 아니면
  - '아니야'를 '1'초 동안 말하기
- '종이를 자를 때 필요해'를 묻고 대답 기다리기
- 만일 '대답' = '가위'라면
  - '정답'에 '1'만큼 더하기
- 아니면
  - '아니야'를 '1'초 동안 말하기
- 초시계 '정지하기'
- '종료' 신호 보내기

[주요블록]

■ '선생님' 오브젝트

'선생님' 오브젝트는 시작하기 버튼을 클릭했을 때 모양을 숨겼다가 '종료' 신호를 받았을 때 모양이 보인다. 만일 '정답' 변수의 값이 '3'이라면 '준비 잘 해왔네요'를 '1'초 동안 말하고, 그렇지 않으면 '다음엔 잘 챙겨오세요'를 '1'초 동안 말하며 '1'초 후에 다음 장면이 시작된다.

[처리조건]

① 시작하기 버튼을 클릭했을 때
- x: '200', y: '-35' 위치로 이동하기
- 모양 숨기기

② '종료' 신호를 받았을 때
- 모양 보이기
- 만일 '정답' 값 = '(ㄷ)' 이라면
  - '준비 잘 해왔네요'를 '1'초 동안 말하기
- 아니면
  - '다음엔 잘 챙겨오세요'를 '1'초 동안 말하기
- '1'초 기다리기
- '다음' 장면 시작하기

■ '복도' 배경

 '복도' 장면이 시작되었을 때 '수업 끝~!'을 '2'초 동안 말한다.

[처리조건]	[주요블록]
▶ 장면이 시작되었을 때 　• '수업 끝~!'을 '2'초 동안 말하기	 

문제 3 [주요블록]을 모두 사용하여 [처리조건]에 따라 프로젝트를 개선하시오. (10점)

■ '복도' 배경

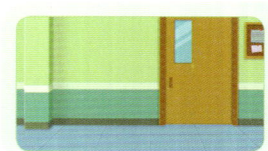 프로젝트를 다시 시작하려면 프로그램을 정지하고 다시 시작해야 해서 불편하다. '장면 2'에서 '복도' 배경을 클릭하면 처음부터 다시 실행하도록 프로젝트를 개선하려고 한다.

[처리조건]	[주요블록]
▶ 오브젝트를 클릭했을 때 　• '색깔' 효과를 '40'만큼 주기 　• '집에 가자~'를 '2'초 동안 말하기 　• '2'초 기다리기 　• 처음부터 다시 실행하기	 

체크 포인트   1 유형 Y/N

- 프로젝트가 시작된 후 '여학생'이 바로 힌트를 알려주나요? ☐ Y / ☐ N
- '초시계' 오브젝트를 클릭하면 '초시계'가 시작되나요? ☐ Y / ☐ N
- '정답'을 모두 맞추면 선생님이 '다음언 잘 챙겨오세요'라고 말하나요? ☐ Y / ☐ N
- '여학생'이 알려주는 힌트에 대한 정답을 말할 때 정답과 같으면 '정답' 변수에 1씩 증가하나요? ☐ Y / ☐ N
- '남학생'을 클릭했을 때 '남학생'이 '오늘 준비물이 뭐였지?'라고 말하나요? ☐ Y / ☐ N

체크 포인트   2 유형 주관식

- '초시계' 오브젝트를 클릭했을 때 (　　　) 신호를 보내고, '대답'을 숨깁니다.

  - 정답 :

- '남학생'은 시작하기 버튼을 클릭했을 때 '오늘 준비물이 뭐였지?'라고 (　　　)초 동안 말합니다.

  - 정답 :

- '여학생'이 '힌트' 신호를 받을 때 초시계를 (　　　) 하기로 설정합니다.

  - 정답 :

- '정답'의 개수가 (　　　)인 경우 '선생님'이 '준비 잘 해왔네요'라고 말하고, 아닌 경우에는 '다음에 잘 챙겨오세요'라고 말합니다.

  - 정답 :

- '여학생'이 알려주는 힌트 중에서 정답을 맞출 경우 '정답' 변수에 (　　　) 만큼 더합니다.

  - 정답 :

제 05 회 코딩활용능력 출제예상 모의고사
(CAT : Coding Ability Test)

- **시험과목** : 코딩활용능력 2급 (엔트리)
- **시험일자** : 20XX. XX. XX.(토)
- 응시자 기재사항 및 감독위원 확인

수 검 번 호	CAS – XXXX –	감독위원 확인
성 명		

응시자 유의사항

1. 응시자는 신분증 또는 동등한 자격을 갖춘 증빙서류를 지참하여야 시험에 응시할 수 있으며, 시험이 종료될 때까지 신분증을 제시하지 못할 경우 해당 시험은 0점 처리됩니다.

2. 시스템(PC 작동 여부, 네트워크 상태 등)의 이상 여부를 반드시 확인하여야 하며, 시스템 이상이 있을 시 감독위원에게 조치를 받으셔야 합니다.

3. 시험 중 시스템 오류 또는 시스템 다운 증상에 대해서는 응시자 본인에게 책임이 있습니다.

4. 시험 중 부주의 또는 고의로 시스템을 파손한 경우는 응시자 부담으로 합니다.

5. 엔트리 버전은 최소 2.0.53 이상을 사용하여야 하며, 답안 전송 프로그램을 통하여 배포 받은 파일에 답안을 작성하시기 바랍니다. 감독위원의 지시에 따라 주시기 바랍니다.

6. 작성한 답안 파일은 답안 전송 프로그램을 통하여 자동으로 전송됩니다.

7. 다음 사항의 경우 실격(0점) 혹은 부정행위 처리됩니다.
   ① 답안을 저장하지 않았거나, 저장한 파일이 손상되었을 경우
   ② 답안 파일을 다른 보조 기억장치(USB) 혹은 네트워크(메신저, 게시판 등)로 전송할 경우
   ③ 휴대용 전화기 등 통신장비를 사용할 경우

8. 시험을 완료한 응시자는 답안을 저장하고, 답안 파일이 전송되었는지 확인한 후 감독위원의 지시에 따라 문제지를 제출한 후 퇴실하여야 합니다.

9. 시험시간이 종료된 이후에는 답안이 수정 또는 정정이 불가합니다.

10. 시험문제 공개 및 합격자 발표는 홈페이지(www.ihd.or.kr)에서 확인하시기 바랍니다.
    ① 문제 및 정답 공개 : 20XX. XX. XX.(화)
    ② 합격자 발표 : 20XX. XX. XX.(금)

코딩활용능력 2급 [CAS] 엔트리   [시험시간 : 40분]

[유의사항]

- 각 문제의 정답은 다음과 같은 규칙으로 ENT 파일을 저장하시오.
  - 저장 위치 : 바탕 화면 > KAIT > 제출파일 폴더
  - 파일명 : CAS_수검번호_이름.ent
  ※ 예시 : 수검번호가 CAS-0000-0000000이고 수험자 이름이 홍길동인 경우 "CAS_C00000_홍길동.ent"로 저장할 것
- 문제에 제시된 블록코딩 외 임의로 오브젝트 및 블록 등을 추가할 경우 감점 처리됨
- [문제 2~3]은 블록코딩을 원칙으로 하며, 오브젝트 설정 창에서 설정 시 감점 처리됨

프로젝트 설명 ▶ 방을 청소해야 한다. 몇 개의 물건이 청소기에 들어갈까?
청소기를 클릭하면 무작위 위치로 흩어져있는 물건들을 자동으로 청소한다. 청소가 완료된 후 청소기 안에 담겨있는 물건의 개수를 확인한다.

문제 1 다음 [처리조건]에 따라 배경 및 개체를 설정하시오. (10점)

■ 배경 설정하기

[처리조건]	[배경]	
① '장면1'에 '방(2)' 배경을 불러오기 　- 이름을 '**방**'으로 변경하기 ② '장면2'에 '거실(3)' 배경을 불러오기 　- 이름을 '**거실**'로 변경하기	① 방(2) 	② 거실(3) 

■ 개체 설정하기 (오브젝트는 순서대로 불러올 것)

[처리조건]	[오브젝트]	
① '로봇청소기(3)' 오브젝트를 불러오기 　- 이름을 '**청소기**'로 변경하기 ② '지우개' 오브젝트를 불러오기 　- 이름 **변경 없음** ③ '연필(1)' 오브젝트를 불러오기 　- 이름을 '**연필**'로 변경하기 ④ '하의(4)' 오브젝트를 불러오기 　- 이름을 '**옷**'으로 변경하기 ※ 기존의 '엔트리봇' 오브젝트는 삭제한다.	① 로봇청소기(3) ③ 연필(1)	② 지우개 ④ 하의(4)

문제 2 [주요블록]을 모두 사용하여 [처리조건]에 따라 개체를 코딩하시오. (80점)

■ '청소기' 오브젝트

'청소기' 오브젝트는 시작하기 버튼을 클릭했을 때 이동 방향을 '-90°'로 설정한다 그리고, 오브젝트를 클릭했을 때 청소를 시작하고 '청소기' 변수 값이 '3'과 같다면 '청소완료' 신호를 보내며 '자신의' 코드를 멈춘다. 이후, '청소완료' 신호를 받았을 때 '청소기'에 들어있는 물건의 개수를 묻고 대답을 기다려서 '대답'과 '3'이 같다면 '다음' 장면이 시작된다.

[처리조건]

① '청소완료' 신호 만들기
② '청소기' 변수 만들기
  (변수 기본 값 '0', '모든 오브젝트에 사용' 설정하기)
③ 시작하기 버튼을 클릭했을 때
  - 대답 '숨기기'
  - 변수 '청소기' 숨기기
  - x: '170', y: '-85' 위치로 이동하기
  - 크기를 '110'으로 정하기
  - 이동 방향을 '-90°'으로 정하기
  - '청소를 시작해볼까?'를 '2'초 동안 말하기
④ 오브젝트를 클릭했을 때
  - 계속 반복하기
    - 이동 방향으로 '20'만큼 움직이기
    - '0.2'초 기다리기
    - 화면 끝에 닿으면 튕기기
    - 만일 '청소기' 값 = '(ㄱ)'이라면
      └ '청소 끝'을 '2'초 동안 말하기
      └ '청소완료' 신호 보내기
      └ '자신의' 코드 멈추기
⑤ '청소완료' 신호를 받았을 때
  - 만일 '청소기' 값이 = '3'이라면
    - '총 몇 개의 물건이 청소기에 들어갔지?'를 묻고 대답 기다리기
  - 만일 '대답' = '3'이라면
    - '0.5'초 기다리기
    - '다음' 장면 시작하기
  - 아니면
    - 처음부터 다시 실행하기

■ '지우개' 오브젝트

'지우개' 오브젝트는 프로젝트가 시작할 때 x좌표는 무작위 위치로 이동하고 y좌표는 '-47' 위치로 이동하며 크기는 '45'로 정한다. 만일 '청소기'에 닿았는가? 라면 모양을 숨기고 '청소기' 변수에 '1'만큼 더한다.

[처리조건]

① 시작하기 버튼을 클릭했을 때
  - x: '-200부터 -100 사이의 무작위 수'
    y: '-47' 위치로 이동하기
  - 크기를 '45'로 정한다.
  - 계속 반복하기
    - 만일 '청소기'에 닿았는가? 라면
      └ 모양 숨기기
      └ '청소기'에 '(ㄴ)'만큼 더하기

'연필' 오브젝트

'연필' 오브젝트는 프로젝트가 시작할 때 x좌표는 무작위 위치로 이동하고 y좌표는 '-105' 위치로 이동하며 크기는 '45'로 정한다. 만일 '청소기'에 닿았는가? 라면 모양을 숨기고 '청소기' 변수에 '1'만큼 더한다.

[처리조건]

① 시작하기 버튼을 클릭했을 때
- x: '-100부터 50 사이의 무작위 수'
  y: '-105' 위치로 이동하기
- 크기를 '(ㄷ)'로 정한다.
- 계속 반복하기
  - 만일 '청소기'에 닿았는가? 라면
    └ 모양 숨기기
    └ '청소기'에 '1'만큼 더하기

[주요블록]

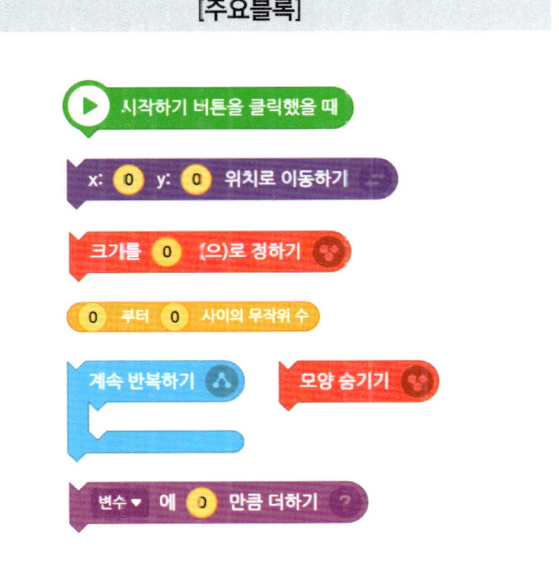

'옷' 오브젝트

'옷' 오브젝트는 프로젝트가 시작할 때 x좌표는 무작위 위치로 이동하고 y좌표는 '-47' 위치로 이동한다. 만일 '청소기'에 닿았는가? 라면 모양을 숨기고 '청소기' 변수에 '1'만큼 더한다.

[처리조건]

① 시작하기 버튼을 클릭했을 때
- x: '50부터 100 사이의 무작위 수'
  y: '-47' 위치로 이동하기
- 계속 반복하기
  - 만일 '청소기'에 닿았는가? 라면
    └ 모양 숨기기
    └ '청소기'에 '1'만큼 더하기

[주요블록]

■ '거실' 배경

'거실' 장면이 시작되었을 때 '청소 끝났어요~'를 '2'초 동안 말한다.

[처리조건]

▶ 장면이 시작되었을 때
- '청소 끝났어요~'를 '2'초 동안 말하기

[주요블록]

문제 3 [주요블록]을 모두 사용하여 [처리조건]에 따라 프로젝트를 개선하시오. (10점)

■ '거실' 배경

프로젝트를 다시 시작하려면 프로그램을 정지하고 다시 시작해야 해서 불편하다. '장면 2'에서 '거실' 배경을 클릭하면 처음부터 다시 실행하도록 프로젝트를 개선하려고 한다.

[처리조건]

▶ 오브젝트를 클릭했을 때
- '색깔' 효과를 '60'만큼 주기
- 좌우 모양 뒤집기
- '1'초 기다리기
- '다시 청소 시작할게요'를 '2'초 동안 말하기
- 처음부터 다시 실행하기

[주요블록]

체크 포인트   1 유형 Y/N

- 프로젝트가 시작된 후 '청소기'가 바로 청소를 시작하나요?   ☐ Y / ☐ N
- '청소기'를 제외한 '지우개', '연필', '옷' 오브젝트의 x좌표는 무작위 수로 설정되어 있나요?   ☐ Y / ☐ N
- 청소 시작 전 '청소기' 변수는 3으로 설정되어 있나요?   ☐ Y / ☐ N
- 청소가 끝난 후 '청소기'에 들어있는 물건의 개수는 총 2개입니다. 맞나요?   ☐ Y / ☐ N
- '지우개'가 '청소기'에 닿으면 '모양 보이기' 블록을 사용하나요?   ☐ Y / ☐ N

체크 포인트   2 유형 주관식

- 청소를 시작하기 위해서는 (   ) 오브젝트를 클릭해야 합니다.

   - 정답 :

- 청소를 시작하기 전 '청소기' 변수의 값은 (   )으로 설정합니다.

   - 정답 :

- '지우개', '연필', '옷' 오브젝트의 위치를 무작위로 변경하기 위한 블록은 (   )에 분류되어 있습니다.

   - 정답 :

- 만일 '청소기' 변수의 값과 (   ) 개의 값이 같아야 청소를 끝낸 후 다음 장면을 시작합니다.

   - 정답 :

- '청소기'는 청소가 모두 끝난 후 (   ) 신호를 보낸 후 자신의 코드를 멈춥니다.

   - 정답 :

제 06 회 코딩활용능력 출제예상 모의고사
(CAT : Coding Ability Test)

- **시험과목 :** 코딩활용능력 2급 (엔트리)
- **시험일자 :** 20XX. XX. XX.(토)
- 응시자 기재사항 및 감독위원 확인

수 검 번 호	CAS – XXXX –	감독위원 확인
성 명		

응시자 유의사항

1. 응시자는 신분증 또는 동등한 자격을 갖춘 증빙서류를 지참하여야 시험에 응시할 수 있으며, 시험이 종료될 때까지 신분증을 제시하지 못할 경우 해당 시험은 0점 처리됩니다.
2. 시스템(PC 작동 여부, 네트워크 상태 등)의 이상 여부를 반드시 확인하여야 하며, 시스템 이상이 있을 시 감독위원에게 조치를 받으셔야 합니다.
3. 시험 중 시스템 오류 또는 시스템 다운 증상에 대해서는 응시자 본인에게 책임이 있습니다.
4. 시험 중 부주의 또는 고의로 시스템을 파손한 경우는 응시자 부담으로 합니다.
5. 엔트리 버전은 최소 2.0.53 이상을 사용하여야 하며, 답안 전송 프로그램을 통하여 배포 받은 파일에 답안을 작성하시기 바랍니다. 감독위원의 지시에 따라 주시기 바랍니다.
6. 작성한 답안 파일은 답안 전송 프로그램을 통하여 자동으로 전송됩니다.
7. 다음 사항의 경우 실격(0점) 혹은 부정행위 처리됩니다.
   ① 답안을 저장하지 않았거나, 저장한 파일이 손상되었을 경우
   ② 답안 파일을 다른 보조 기억장치(USB) 혹은 네트워크(메신저, 게시판 등)로 전송할 경우
   ③ 휴대용 전화기 등 통신장비를 사용할 경우
8. 시험을 완료한 응시자는 답안을 저장하고, 답안 파일이 전송되었는지 확인한 후 감독위원의 지시에 따라 문제지를 제출한 후 퇴실하여야 합니다.
9. 시험시간이 종료된 이후에는 답안이 수정 또는 정정이 불가합니다.
10. 시험문제 공개 및 합격자 발표는 홈페이지(www.ihd.or.kr)에서 확인하시기 바랍니다.
    ① 문제 및 정답 공개 : 20XX. XX. XX.(화)
    ② 합격자 발표 : 20XX. XX. XX.(금)

| 코딩활용능력 2급 [CAS] 엔트리 | [시험시간 : 40분] |

[유의사항]

- 각 문제의 정답은 다음과 같은 규칙으로 ENT 파일을 저장하시오.
  - 저장 위치 : 바탕 화면 > KAIT > 제출파일 폴더   - 파일명 : CAS_수검번호_이름.ent
  ※ 예시 : 수검번호가 CAS-0000-0000000이고 수험자 이름이 홍길동인 경우 "CAS_000000_홍길동.ent"로 저장할 것
- 문제에 제시된 블록코딩 외 임의로 오브젝트 및 블록 등을 추가할 경우 감점 처리됨
- [문제 2~3]은 블록코딩을 원칙으로 하며, 오브젝트 설정 창에서 설정 시 감점 처리됨

프로젝트 설명 ▶ 토끼와 거북이가 달리기 경주를 하고 있다. 둘 중 누가 이길까?

토끼는 일정한 속도로 달리고, 거북이는 므작위 속도로 달리고 있다. 물약은 거북이만 사용할 수 있고 이동 속도를 빠르게 한다.

문제 1 다음 [처리조건]에 따라 배경 및 개체를 설정하시오. (10점)

■ 배경 설정하기

[처리조건]	[배경]
① '장면1'에 '잔디 언덕(1)' 배경을 불러오기 　- 이름을 '**달리기 경주**'로 변경하기 ② '장면2'에 '잔디 언덕(2)' 배경을 불러오기 　- 이름을 '**잔디 언덕**'으로 변경하기	① 잔디 언덕(1)　　② 잔디 언덕(2)

■ 개체 설정하기 (오브젝트는 순서대로 불러올 것)

[처리조건]	[오브젝트]
① '거북이' 오브젝트를 불러오기 　- 이름 **변경 없음** ② '물약' 오브젝트를 불러오기 　- 이름 **변경 없음** ③ '토끼' 오브젝트를 불러오기 　- 이름 **변경 없음** ④ '시작 버튼' 오브젝트를 불러오기 　- 이름을 '**시작**'으로 변경하기 ※ 기존의 '엔트리봇' 오브젝트는 삭제한다.	① 거북0　　② 물약 ③ 토끼　　④ 시작 버튼 

문제 2 [주요블록]을 모두 사용하여 [처리조건]에 따라 개체를 코딩하시오. (80점)

■ '거북이' 오브젝트

'거북이' 오브젝트는 '시작' 신호를 받았을 때 이동 방향으로 무작위 수 만큼 움직이고, 만약 '물약'에 닿았으면 '부스터' 신호를 보낸다. 이어서 '부스터' 신호를 받으면 '오른쪽 벽'에 닿을 때까지 이동 방향으로 '10'만큼 움직이고 '오른쪽 벽'에 닿았을 때 '다음' 장면을 시작한다.

[처리조건]

① '시작', '부스터' 신호 만들기
② 시작하기 버튼을 클릭했을 때
- x: '-195', y: '-100' 위치로 이동하기
- 크기를 '47'로 정하기
③ '시작' 신호를 받았을 때
- '1' 초 기다리기
- 계속 반복하기
  - 이동 방향으로 '10부터 15 사이의 무작위 수' 만큼 움직이기
  - '0.5'초 기다리기
  - 만일 '(ㄱ)'에 닿았는가 라면
    └ '부스터' 신호 보내기
    └ '속도 빠르게!'를 '1'초 동안 말하기
④ '부스터' 신호를 받았을 때
- 계속 반복하기
  - '오른쪽 벽'에 닿았는가? 이 될 때까지 반복하기
    └ 이동 방향으로 '10'만큼 움직이기
    └ '0.1'초 기다리기
    └ 만일 '오른쪽 벽'에 닿았는가? 라면
      > '0.5'초 기다리기
      > '다음' 장면 시작하기

■ '물약' 오브젝트

'물약' 오브젝트는 시작하기 버튼을 클릭했을 때 x좌표의 경우 '-20'부터 '100' 사이의 무작위 수, y좌표는 '-100' 위치로 이동하고 모양을 숨긴다. 이후 '시작' 신호를 받았을 때 모양 보이기로 설정한 후 '거북이'에 닿을 경우 모양이 숨겨지도록 설정한다.

[처리조건]

① 시작하기 버튼을 클릭했을 때
- x: '-20부터 (ㄴ) 사이의 무작위 수'
  y: '-100' 위치로 이동하기
- 크기를 '30'로 정한다.
- 모양 숨기기
② '시작' 신호를 받았을 때
- 모양 보이기
- '1'초 기다리기
- 계속 반복하기
  - 만일 '거북이'에 닿았는가? 라면
    └ '0.5'초 기다리기
    └ 모양 숨기기

■ '토끼' 오브젝트

'토끼' 오브젝트는 시작하기 버튼을 클릭했을 때 위치와 크기를 설정하고 '토끼_2' 모양으로 바꾼다. '시작' 신호를 받으면 '0.5'초씩 '토끼_2'와 '토끼_3' 모양으로 바꾸면서 움직이고 만일 '오른쪽 벽'에 닿으면 '다음' 장면이 시작된다.

[처리조건]

① 시작하기 버튼을 클릭했을 때
- x: '-190', y: '-35' 위치로 이동하기
- 크기를 '57'로 정한다.
- '(ㄷ)' 모양으로 바꾸기

② '시작' 신호를 받았을 때
- '1'초 기다리기
- 계속 반복하기
  - 이동 방향으로 '30부터 40사이의 무작위 수'만큼 움직이기
  - '토끼_2' 모양으로 바꾸기
  - '0.5'초 기다리기
  - '토끼_3' 모양으로 바꾸기
  - '0.5'초 기다리기
  - 만일 '오른쪽 벽'에 닿았는가? 라면
    └ '다음' 장면 시작하기

[주요블록]

■ '시작' 오브젝트

'시작' 오브젝트는 시작하기 버튼을 클릭했을 때 대답을 '숨기며' 크기를 '80'으로 설정한다. '시작' 오브젝트를 클릭하면 '시작' 신호를 보내며, '달리기 시작!'을 '1'초 동안 말하기와 함께 모양을 숨긴다.

[처리조건]

① 시작하기 버튼을 클릭했을 때
- 대답 '숨기기'
- 크기를 '80'으로 정하기
- '버튼을 클릭해주세요.'를 '1'초 동안 말하기

② 오브젝트를 클릭했을 때
- '시작' 신호 보내기
- '달리기 시작!'을 '1'초 동안 말하기
- '모양 숨기기'

[주요블록]

■ '잔디 언덕' 배경

'잔디 언덕' 장면이 시작되었을 때 '누가 이겼나요?'를 묻고 대답을 기다린 후 대답과 '야~ 축하해'를 합쳐서 '2'초 동안 말한다.

[처리조건]	[주요블록]
▶ 장면이 시작되었을 때 　• 대답 '숨기기' 　• '누가 이겼나요?'를 묻고 대답 기다리기 　• '대답'과 '야 축하해~'를 합치기를 '2'초 동안 말하기	장면이 시작되었을 때 대답 숨기기 안녕! 을(를) 0 초 동안 말하기 안녕! 을(를) 묻고 대답 기다리기 안녕! 과(와) 엔트리 를 합치기

문제 3 [주요블록]을 모두 사용하여 [처리조건]에 따라 프로젝트를 개선하시오. (10점)

■ '잔디 언덕' 배경

프로젝트를 다시 시작하려면 프로그램을 정지하고 다시 시작해야 해서 불편하다. '장면 2'에서 '잔디 언덕' 배경을 클릭하면 처음부터 다시 실행하도록 프로젝트를 개선하려고 한다.

[처리조건]	[주요블록]
▶ 오브젝트를 클릭했을 때 　• 크기를 '20'만큼 바꾸기 　• '색깔' 효과를 '90'만큼 주기 　• 좌우 모양 뒤집기 　• '다시 경주하자!'를 '2'초 동안 말하기 　• 처음부터 다시 실행하기	오브젝트를 클릭했을 때 좌우 모양 뒤집기 색깔▼ 효과를 0 만큼 주기 처음부터 다시 실행하기

체크 포인트 1 유형 Y/N

- 프로젝트가 시작된 후 '토끼'와 '거북이'가 바로 달리기 경주를 시작하나요? □ Y / □ N
- '시작' 오브젝트를 클릭하면 '토끼'와 '거북이'가 오른쪽으로 움직이나요? □ Y / □ N
- 달리기 경주는 무조건 '거북이'가 승리 하나요? □ Y / □ N
- '물약'은 '거북이'이만 사용하나요? □ Y / □ N
- 경주가 끝난 다음 장면에서 누가 이겼는지 물어보나요? □ Y / □ N

체크 포인트 2 유형 주관식

- 달리기 경주를 시작하기 위해서는 (   ) 오브젝트를 클릭해야합니다.
  - 정답 :

- '거북이'의 속도는 (   )부터 (   ) 사이의 무작위 수로 설정되어 있습니다.
  - 정답 :

- '거북이'가 (   ) 오브젝트에 닿아야 '부스터' 신호를 보낼 수 있습니다.
  - 정답 :

- '부스터' 신호는 (   ) 오브젝트만 사용할 수 있습니다.
  - 정답 :

- 달리기 경주가 종료된 후 (   ) 배경에서 결과를 확인할 수 있습니다.
  - 정답 :

제 07 회 코딩활용능력 출제예상 모의고사
(CAT : Coding Ability Test)

- **시험과목 :** 코딩활용능력 2급 (엔트리)
- **시험일자 :** 20XX. XX. XX.(토)
- 응시자 기재사항 및 감독위원 확인

수 검 번 호	CAS – XXXX –	감독위원 확인
성 명		

응시자 유의사항

1. 응시자는 신분증 또는 동등한 자격을 갖춘 증빙서류를 지참하여야 시험에 응시할 수 있으며, 시험이 종료될 때까지 신분증을 제시하지 못할 경우 해당 시험은 0점 처리됩니다.
2. 시스템(PC 작동 여부, 네트워크 상태 등)의 이상 여부를 반드시 확인하여야 하며, 시스템 이상이 있을 시 감독위원에게 조치를 받으셔야 합니다.
3. 시험 중 시스템 오류 또는 시스템 다운 증상에 대해서는 응시자 본인에게 책임이 있습니다.
4. 시험 중 부주의 또는 고의로 시스템을 파손한 경우는 응시자 부담으로 합니다.
5. 엔트리 버전은 최소 2.0.53 이상을 사용하여야 하며, 답안 전송 프로그램을 통하여 배포 받은 파일에 답안을 작성하시기 바랍니다. 감독위원의 지시에 따라 주시기 바랍니다.
6. 작성한 답안 파일은 답안 전송 프로그램을 통하여 자동으로 전송됩니다.
7. 다음 사항의 경우 실격(0점) 혹은 부정행위 처리됩니다.
   ① 답안을 저장하지 않았거나, 저장한 파일이 손상되었을 경우
   ② 답안 파일을 다른 보조 기억장치(USB) 혹은 네트워크(메신저, 게시판 등)로 전송할 경우
   ③ 휴대용 전화기 등 통신장비를 사용할 경우
8. 시험을 완료한 응시자는 답안을 저장하고, 답안 파일이 전송되었는지 확인한 후 감독위원의 지시에 따라 문제지를 제출한 후 퇴실하여야 합니다.
9. 시험시간이 종료된 이후에는 답안이 수정 또는 정정이 불가합니다.
10. 시험문제 공개 및 합격자 발표는 홈페이지(www.ihd.or.kr)에서 확인하시기 바랍니다.
    ① 문제 및 정답 공개 : 20XX. XX. XX.(화)
    ② 합격자 발표 : 20XX. XX. XX.(금)

| 코딩활용능력 2급 [CAS] 엔트리 | [시험시간 : 40분] |

[유의사항]

- 각 문제의 정답은 다음과 같은 규칙으로 ENT 파일을 저장하시오.
  - 저장 위치 : 바탕 화면 > KAIT > 제출파일 폴더
  - 파일명 : CAS_수검번호_이름.ent
  ※ 예시 : 수검번호가 CAS-0000-0000000이고 수험자 이름이 홍길동인 경우 "CAS_C00000_홍길동.ent"로 저장할 것
- 문제에 제시된 블록코딩 외 임의로 오브젝트 및 블록 등을 추가할 경우 감점 처리됨
- [문제 2~3]은 블록코딩을 원칙으로 하며, 오브젝트 설정 창에서 설정 시 감점 처리됨

프로젝트 설명 사격장에서 사격 연습을 하고 있다. 폭탄을 피해 토마토를 명중할 수 있을까?
토마토를 터트리면 '명중!'이라고 말하고, 폭탄을 터트리면 3개의 생명 중에 하나씩 감소되며 생명이 0이 되면 다음 장면으로 이동한다.

문제 1 다음 [처리조건]에 따라 배경 및 개체를 설정하시오. (10점)

■ 배경 설정하기

[처리조건]	[배경]	

① '장면1'에 '숲속(2)' 배경을 불러오기
  - 이름을 **'사격장'**으로 변경하기
 	
② '장면2'에 '숲속(1)' 배경을 불러오기
  - 이름을 **'숲속'**으로 변경하기
	① 숲속(2)

		② 숲속(1)

■ 개체 설정하기 (오브젝트는 순서대로 불러올 것)

[처리조건]	[오브젝트]	

① '룰렛 화살표' 오브젝트를 불러오기
  - 이름을 **'조준'**으로 변경하기
 	
② '총알' 오브젝트를 불러오기
  - 이름 **변경 없음**
 	
③ '폭탄' 오브젝트를 불러오기
  - 이름 **변경 없음**
 	
④ '토마토' 오브젝트를 불러오기
  - 이름 **변경 없음**
 	
※ 기존의 '엔트리봇' 오브젝트는 삭제한다.
	① 룰렛 화살표	② 총알

	③ 폭탄	④ 토마토

문제 2 [주요블록]을 모두 사용하여 [처리조건]에 따라 개체를 코딩하시오. (80점)

■ '조준' 오브젝트

'조준' 오브젝트의 크기는 '30'으로 정한 후 키보드의 '왼쪽 화살표'와 '오른쪽 화살표'를 눌렀을 때 방향을 변경한다. '스페이스' 키를 눌렀을 때 '총알방향' 변수를 '조준'의 '방향' 값으로 정하고 '사격' 신호를 보낸다.

[처리조건]	[주요블록]
① '사격' 신호 만들기 ② '생명', '총알방향' 변수 만들기 　(변수 기본 값은 '0', '모든 오브젝트에 사용' 설정하기) ③ 시작하기 버튼을 클릭했을 때 　• x: '0', y: '-90' 위치로 이동하기 　• 크기를 '(ㄱ)'으로 정하기 　• 계속 반복하기 　　- 만일 '왼쪽 화살표' 키가 눌러져 있는가? 라면 　　　└ 방향을 '-3°'만큼 회전하기 　　- 만일 '오른쪽 화살표' 키가 눌러져 있는가? 라면 　　　└ 방향을 '3°'만큼 회전하기 ④ '스페이스' 키를 클릭했을 때 　• '총알방향'을 '조준'의 '방향' 으로 정하기 　• '사격' 신호 보내기	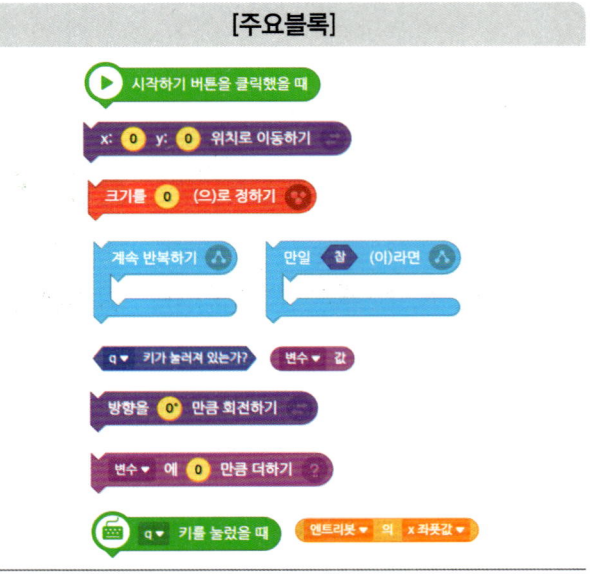

■ '총알' 오브젝트

'총알' 오브젝트는 처음에 모양을 숨긴 다음 '생명' 변수를 '3'으로 정한다. '사격' 신호를 받았을 때 '총알'의 방향은 '총알방향' 변수 값으로 정하고 '10'만큼 계속 움직인다. 만일 '벽'에 닿았다면 다시 '조준' 위치로 이동하고 모양을 숨기기 한 뒤 반복을 중단한다.

[처리조건]	[주요블록]
① 시작하기 버튼을 클릭했을 때 　• x: '0', y: '-40' 위치로 이동하기 　• 크기를 '30'으로 정한다. 　• 모양 숨기기 　• '생명'을 '(ㄴ)'으로 정하기 　• 변수 '총알방향' 숨기기 ② '사격' 신호를 받았을 때 　• 모양 보이기 　• 방향을 '총알방향' 값으로 정하기 　• 계속 반복하기 　　- '총알방향' 값 방향으로 '10'만큼 움직이기 　　- 만일 '벽'에 닿았는가? 라면 　　　└ '조준' 위치로 이동하기 　　　└ 모양 숨기기 　　　└ 반복 중단하기	

■ '폭탄' 오브젝트

'폭탄' 오브젝트는 x: -250 y: 0 위치에 있다가 무작위 수 초 동안 화면 왼쪽에서 가운데로 이동 후 오른쪽으로 이동하는 경로로 설정한다. 만일 '총알'에 닿았다면 '폭탄'의 모양을 '폭탄_터진' 모양으로 바꾸고, '생명' 변수에 '-1'만큼 더한다. '생명' 값이 '0'이 된다면 '게임 오버'를 말하고 '다음' 장면이 시작된다.

[처리조건]

① 시작하기 버튼을 클릭했을 때
- 크기를 '40'으로 정하기
- x: '-250', y: '0' 위치로 이동하기
- 계속 반복하기
  - '0.5 초부터 1.5 사이의 무작위 수' 초 동안 x: '0', y: '110' 위치로 이동하기
  - '0.5 초부터 1.5 사이의 무작위 수' 초 동안 x: '250', y: '40' 위치로 이동하기
  - 모양 숨기기
  - x: '-250', y: '0' 위치로 이동하기
  - 모양 보이기

② 시작하기 버튼을 클릭했을 때
- '0.5' 초 기다리기
- 계속 반복하기
  - '폭탄_안터진' 모양으로 바꾸기
  - 만일 '총알'에 닿았는가 라면?
    └ '폭탄_터진' 모양으로 바꾸기
    └ '0.2'초 기다리기
    └ '생명'에 '-1'만큼 더하기
    └ 만일 '생명' 값 = '0' 이라면
      > '게임 오버'를 '0.5'초 동안 말하기
      > '다음' 장면 시작하기
  └ 모양 숨기기

[주요블록]

■ '토마토' 오브젝트

'토마토' 오브젝트는 x: 260 y: 20 위치에 있다가 '1'초 동안 화면 오른쪽에서 가운데로 이동 후 왼쪽으로 이동하는 경로로 설정한다. 만일 '총알'에 닿았다면 '명중!'을 말하고 모양을 숨긴다.

[처리조건]

① 시작하기 버튼을 클릭했을 때
- 크기를 '40'으로 정하기
- x: '260', y: '20' 위치로 이동하기
- 계속 반복하기
  - '`' 초 동안 x: '0', y: '110' 위치로 이동하기
  - '`' 초 동안 x: '-250', y: '40' 위치로 이동하기
  - 모양 숨기기
  - x: '260', y: '20' 위치로 이동하기
  - 모양 보이기

② 시작하기 버튼을 클릭했을 때
- '0.5'초 기다리기
- 계속 반복하기
  - 단일 '(ㄷ)'에 닿았는가? 라면
    └ '명중!'을 '0.2'초 동안 말하기
    └ '0.2'초 기다리기
    └ 모양 숨기기

[주요블록]

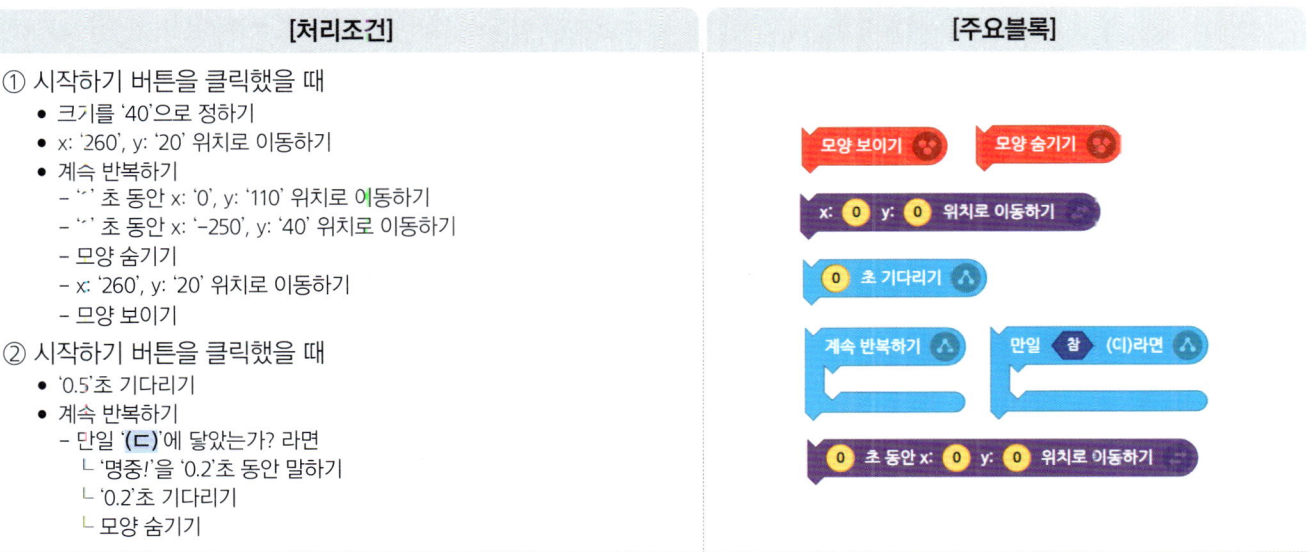

■ '숲속' 배경

'숲속' 장면이 시작되었을 때 '사격 연습을 더 해야겠어'를 '2'초 동안 말하면서 '색깔' 효과를 '20'만큼 준다.

[처리조건]

▶ 장면이 시작되었을 때
- '사격 연습을 더 해야겠어'를 '2'초 동안 말하기
- '색깔' 효과를 '20'만큼 주기

[주요블록]

문제 3 [주요블록]을 모두 사용하여 [처리조건]에 따라 프로젝트를 개선하시오. (10점)

■ '숲속' 배경

프로젝트를 다시 시작하려면 프로그램을 정지하고 다시 시작해야 해서 불편하다. '장면 2'에서 '숲속' 배경을 클릭하면 처음부터 다시 실행하도록 프로젝트를 개선하려고 한다.

[처리조건]

▶ 오브젝트를 클릭했을 때
- '처음부터 다시 해보자'를 말하기
- '1'초 기다리기
- 처음부터 다시 실행하기

[주요블록]

체크 포인트 1 유형 Y/N

- 키보드의 방향키를 사용하여 '조준' 방향을 변경할 수 있나요? ☐ Y / ☐ N
- '총알'의 방향은 '조준'의 '방향'으로 정해져 있나요? ☐ Y / ☐ N
- '생명' 변수의 기본 값은 '0'인가요? ☐ Y / ☐ N
- '사격' 신호를 받았을 때 총알의 방향은 '총알방향' 변수 값으로 정했나요? ☐ Y / ☐ N
- '토마토'를 총알로 맞추면 '생명' 변수 값이 증가하나요? ☐ Y / ☐ N

체크 포인트 2 유형 주관식

- '조준'의 방향을 변경하려면 키보드의 (　　　) 화살표와 오른쪽 화살표를 사용합니다.

  - 정답 :

- '조준' 오브젝트에서 '스페이스' 키를 눌렀을 때 '총알방향' 변수를 (　　　)의 방향 으로 정한 후 '사격' 신호를 보냅니다.

  - 정답 :

- '총알' 오브젝트에서 '생명' 변수의 값은 (　　　)으로 정합니다.

  - 정답 :

- '폭탄_안터진' 모양의 '폭탄' 오브젝트가 '총알'에 닿으면 (　　　) 모양으로 바꿉니다.

  - 정답 :

- '다음' 장면을 시작하기 위해서는 '생명' 변수 값이 (　　　)이 되어야 합니다.

  - 정답 :

제 08 회 코딩활용능력 출제예상 모의고사
(CAT : Coding Ability Test)

- **시험과목** : 코딩활용능력 2급 (엔트리)
- **시험일자** : 20XX. XX. XX.(토)
- 응시자 기재사항 및 감독위원 확인

수 검 번 호	CAS - XXXX -	감독위원 확인
성 명		

응시자 유의사항

1. 응시자는 신분증 또는 동등한 자격을 갖춘 증빙서류를 지참하여야 시험에 응시할 수 있으며, 시험이 종료될 때까지 신분증을 제시하지 못할 경우 해당 시험은 0점 처리됩니다.
2. 시스템(PC 작동 여부, 네트워크 상태 등)의 이상 여부를 반드시 확인하여야 하며, 시스템 이상이 있을 시 감독위원에게 조치를 받으셔야 합니다.
3. 시험 중 시스템 오류 또는 시스템 다운 증상에 대해서는 응시자 본인에게 책임이 있습니다.
4. 시험 중 부주의 또는 고의로 시스템을 파손한 경우는 응시자 부담으로 합니다.
5. 엔트리 버전은 최소 2.0.53 이상을 사용하여야 하며, 답안 전송 프로그램을 통하여 배포 받은 파일에 답안을 작성하시기 바랍니다. 감독위원의 지시에 따라 주시기 바랍니다.
6. 작성한 답안 파일은 답안 전송 프로그램을 통하여 자동으로 전송됩니다.
7. 다음 사항의 경우 실격(0점) 혹은 부정행위 처리됩니다.
   ① 답안을 저장하지 않았거나, 저장한 파일이 손상되었을 경우
   ② 답안 파일을 다른 보조 기억장치(USB) 혹은 네트워크(메신저, 게시판 등)로 전송할 경우
   ③ 휴대용 전화기 등 통신장비를 사용할 경우
8. 시험을 완료한 응시자는 답안을 저장하고, 답안 파일이 전송되었는지 확인한 후 감독위원의 지시에 따라 문제지를 제출한 후 퇴실하여야 합니다.
9. 시험시간이 종료된 이후에는 답안이 수정 또는 정정이 불가합니다.
10. 시험문제 공개 및 합격자 발표는 홈페이지(www.ihd.or.kr)에서 확인하시기 바랍니다.
    ① 문제 및 정답 공개 : 20XX. XX. XX.(화)
    ② 합격자 발표 : 20XX. XX. XX.(금)

코딩활용능력 2급 [CAS] 엔트리 | [시험시간 : 40분]

[유의사항]

- 각 문제의 정답은 다음과 같은 규칙으로 ENT 파일을 저장하시오.
  - 저장 위치 : 바탕 화면 > KAIT > 제출파일 폴더
  - 파일명 : CAS_수검번호_이름.ent
  ※ 예시 : 수검번호가 CAS-0000-0000000이고 수험자 이름이 홍길동인 경우 "CAS_000000_홍길동.ent"로 저장할 것
- 문제에 제시된 블록코딩 외 임의로 오브젝트 및 블록 등을 추가할 경우 감점 처리됨
- [문제 2~3]은 블록코딩을 원칙으로 하며, 오브젝트 설정 창에서 설정 시 감점 처리됨

프로젝트 설명 ▶ 도시에 좀비들이 나타났다. 어떻게 하면 물리칠 수 있지?
스페이스 키를 누르면 총알이 발사되며 좀비 10마리를 처치하면 다음 장면이 시작되고, 만일 생명 값이 0이 되면 모든 코드가 멈춘다.

문제 1 다음 [처리조건]에 따라 배경 및 개체를 설정하시오. (10점)

■ 배경 설정하기

[처리조건]	[배경]	
① '장면1'에 '회색 도시' 배경을 불러오기 – 이름 **변경 없음** ② '장면2'에 '도시(2)' 배경을 불러오기 – 이름을 '**도시**'로 변경하기	① 회색 도시	② 도시(2)

■ 개체 설정하기 (오브젝트는 순서대로 불러올 것)

[처리조건]	[오브젝트]	
① '군인(2)' 오브젝트를 불러오기 – 이름을 '**군인**'으로 변경하기 ② '좀비(3)' 오브젝트를 불러오기 – 이름을 '**작은 좀비**'로 변경하기 ③ '좀비(2)' 오브젝트를 불러오기 – 이름을 '**큰 좀비**'로 변경하기 ④ '신호' 오브젝트를 불러오기 – 이름을 '**총알**'로 변경하기 ※ 기존의 '엔트리봇' 오브젝트는 삭제한다.	① 군인(2)	② 좀비(3)
	③ 좀비(2)	④ 신호

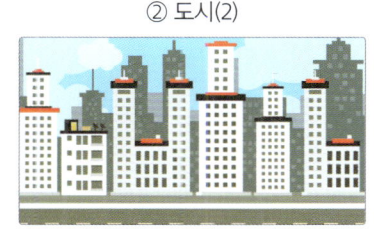

문제 2 [주요블록]을 모두 사용하여 [처리조건]에 따라 개체를 코딩하시오. (80점)

■ '군인' 오브젝트

시작하기 버튼을 클릭했을 때 '생명' 변수 값은 '5'로 정하고, '점수' 변수 값은 '0'으로 정한다. 만일 '점수' 변수의 값이 '10'이라면 '다음' 장면이 시작되고, 만일 '생명' 변수 값이 '0'이라면 '모든' 코드를 멈춘다.

[처리조건]

① '생명', '점수' 변수 만들기
 (변수 기본 값은 '0', '모든 오브젝트에 사용' 설정하기)
② 시작하기 버튼을 클릭했을 때
 - x: '-150', y: '-55' 위치로 이동하기
 - '생명'을 '(ㄱ)'으로 정하기
 - '점수'를 '0'으로 정하기
 - 계속 반복하기
  - 만일 '점수 값' = '10' 이라면
   └ '다음' 장면 시작하기
  - 만일 '생명 값' = '0' 이라면
   └ '생명'을 '0'으로 정하기
   └ '이런.. 결국 졌어..'를 '2'초 동안 말하기
   └ '모든' 코드 멈추기

■ '작은 좀비' 오브젝트

'작은 좀비'는 무작위 수 초만큼 기다렸다가 '자신'의 복제본을 계속해서 만든다. 만일 '작은 좀비'의 오브젝트가 '군인'에 닿았다면 '생명' 변수에 '-1'만큼 더하고, 만일 '총알'에 닿았다면 '점수' 변수에 '1'만큼 더한 후 복제본을 삭제한다.

[처리조건]

① 시작하기 버튼을 클릭했을 때
 - 좌우 모양 뒤집기
 - x: '200', y: '-40' 위치로 이동하기
 - 모양 숨기기
 - 계속 반복하기
  - '자신'의 복제본 만들기
  - '0부터 3 사이의 무작위 수' 초 기다리기
② 복제본이 처음 생성되었을 때
 - 모양 보이기
 - '왼쪽 벽'에 닿았는가? 이 될 때까지 반복하기
  - 이동 방향으로 '-1'만큼 움직이기
  - 만일 '군인'에 닿았는가? 이라면
   └ '생명'에 '(ㄴ)'만큼 더하기
   └ '0.1'초 기다리기
   └ 이 복제본 삭제하기
  - 만일 '총알'에 닿았는가? 이라면
   └ '점수'에 '1'만큼 더하기
   └ '0.1'초 기다리기
   └ 이 복제본 삭제하기
 - 이 복제본 삭제하기

■ '큰 좀비' 오브젝트

'큰 좀비'는 무작위 수 초만큼 기다렸다가 '자신'의 복제본을 계속해서 만든다. 만일 '큰 좀비'의 오브젝트가 '군인'에 닿았다면 '생명' 변수에 '-1'만큼 더하고, 만일 '총알'에 닿았다면 '점수' 변수에 '1'만큼 더한 후 복제본을 삭제한다.

[처리조건]

① 시작하기 버튼을 클릭했을 때
- 좌우 모양 뒤집기
- x: '200', y: '-40' 위치로 이동하기
- 모양 숨기기
- 계속 반복하기
  - '자신'의 복제본 만들기
  - '2부터 5 사이의 무작위 수' 초 기다리기

② 복제본이 처음 생성되었을 때
- 모양 보이기
- '왼쪽 벽'에 닿았는가? 이 될 때까지 반복하기
  - 이동 방향으로 '-1부터 -4 사이의 무작위 수' 만큼 움직이기
  - 만일 '군인'에 닿았는가? 이라면
    - '생명'에 '-1'만큼 더하기
    - '0.1'초 기다리기
    - 이 복제본 삭제하기
  - 만일 '총알'에 닿았는가? 이라면
    - '점수'에 '1'만큼 더하기
    - '0.1'초 기다리기
    - 이 복제본 삭제하기
- 이 복제본 삭제하기

■ '총알' 오브젝트

'총알' 오브젝트는 '스페이스' 키를 눌렀을 때 '자신'의 복제본을 계속해서 만들고, 복제본이 생성되었을 때 이동 방향으로 '3'만큼 움직이기를 '오른쪽 벽'에 닿을 때까지 반복한다. 만일 '큰 좀비' 또는 '작은 좀비'에 닿았는가 라면 복제본을 삭제한다.

[처리조건]

① 시작하기 버튼을 클릭했을 때
- x: '-97', y: '-40' 위치로 이동하기
- 크기를 '13'으로 정하기
- 모양 숨기기
- 계속 반복하기
  - 만일 '스페이스' 키가 눌러져 있는가? 라면
    - '자신'의 복제본 만들기
    - '0.3'초 기다리기

② 복제본이 처음 생성되었을 때
- 모양 보이기
- '오른쪽 벽'에 닿았는가? 이 될 때까지 반복하기
  - 이동 방향으로 '(ㄷ)'만큼 움직이기
  - 만일 '큰 좀비'에 닿았는가? 또는 '작은 좀비'에 닿았는가? 라면
    - '0.1'초 기다리기
    - 이 복제본 삭제하기
- 이 복제본 삭제하기

■ '도시' 배경

'도시' 장면이 시작되었을 때 '휴~ 안전하게 마을을 지켜냈어!'를 '2'초 동안 말하고 크기를 '200'만큼 바꾼다.

[처리조건]	[주요블록]
▶ 장면이 시작되었을 때 　• '휴~ 안전하게 마을을 지켜냈어!'을 '2'초 동안 말하기 　• 크기를 '200'만큼 바꾸기	

문제 3 [주요블록]을 모두 사용하여 [처리조건]에 따라 프로젝트를 개선하시오. (10점)

■ '도시' 배경

프로젝트를 다시 시작하려면 프로그램을 정지하고 다시 시작해야 해서 불편하다. '장면 2'에서 '도시' 배경을 클릭하면 처음부터 다시 실행하도록 프로젝트를 개선하려고 한다.

[처리조건]	[주요블록]
▶ 오브젝트를 클릭했을 때 　• '색깔' 효과를 '60'만큼 주기 　• '전쟁을 다시 시작하겠습니다.'를 '2'초 동안 말하기 　• 처음부터 다시 실행하기	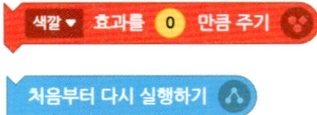

체크 포인트 　 1 유형 Y/N

- '큰 좀비'와 '작은 좀비'의 이동 속도가 동일한가요? ☐ Y / ☐ N
- 키보드의 '스페이스' 키를 누르면 총알이 발사되나요? ☐ Y / ☐ N
- '점수' 변수의 값이 '5'가 되면 다음 장면이 시작되나요? ☐ Y / ☐ N
- '생명' 변수의 설정 값은 '10'입니다. 맞나요? ☐ Y / ☐ N
- '큰 좀비'와 '작은 좀비'는 일정한 시간에 맞춰서 복제본이 생성되나요? ☐ Y / ☐ N

체크 포인트 　 2 유형 주관식

- '군인' 오브젝트에서 '생명'과 '점수'의 변수 값을 각각 (　　　)와 (　　　)으로 정했습니다.

  - 정답 :

- 만일 '총알'이 '큰 좀비'에게 닿았을 때 (　　　) 변수에 '1'을 더합니다.

  - 정답 :

- 만일 '군인'이 '큰 좀비'와 '작은 좀비'에게 닿으면 '생명' 변수에 (　　　)을 더합니다.

  - 정답 :

- 시작하기 버튼을 클릭했을 때 '큰 좀비'와 '작은 좀비'의 이동 방향을 반대로 바꾸기 위해 (　　　) 블록을 삽입합니다.

  - 정답 :

- '점수' 변수의 값이 (　　　)이 되면 다음 장면이 시작됩니다.

  - 정답 :

제 09 회 코딩활용능력 출제예상 모의고사
(CAT : Coding Ability Test)

- **시험과목** : 코딩활용능력 2급 (엔트리)
- **시험일자** : 20XX. XX. XX.(토)
- 응시자 기재사항 및 감독위원 확인

수 검 번 호	CAS – XXXX –	감독위원 확인
성 명		

응시자 유의사항

1. 응시자는 신분증 또는 동등한 자격을 갖춘 증빙서류를 지참하여야 시험에 응시할 수 있으며, 시험이 종료될 때까지 신분증을 제시하지 못할 경우 해당 시험은 0점 처리됩니다.

2. 시스템(PC 작동 여부, 네트워크 상태 등)의 이상 여부를 반드시 확인하여야 하며, 시스템 이상이 있을 시 감독위원에게 조치를 받으셔야 합니다.

3. 시험 중 시스템 오류 또는 시스템 다운 증상에 대해서는 응시자 본인에게 책임이 있습니다.

4. 시험 중 부주의 또는 고의로 시스템을 파손한 경우는 응시자 부담으로 합니다.

5. 엔트리 버전은 최소 2.0.53 이상을 사용하여야 하며, 답안 전송 프로그램을 통하여 배포 받은 파일에 답안을 작성하시기 바랍니다. 감독위원의 지시에 따라 주시기 바랍니다.

6. 작성한 답안 파일은 답안 전송 프로그램을 통하여 자동으로 전송됩니다.

7. 다음 사항의 경우 실격(0점) 혹은 부정행위 처리됩니다.
   ① 답안을 저장하지 않았거나, 저장한 파일이 손상되었을 경우
   ② 답안 파일을 다른 보조 기억장치(USB) 혹은 네트워크(메신저, 게시판 등)로 전송할 경우
   ③ 휴대용 전화기 등 통신장비를 사용할 경우

8. 시험을 완료한 응시자는 답안을 저장하고, 답안 파일이 전송되었는지 확인한 후 감독위원의 지시에 따라 문제지를 제출한 후 퇴실하여야 합니다.

9. 시험시간이 종료된 이후에는 답안이 수정 또는 정정이 불가합니다.

10. 시험문제 공개 및 합격자 발표는 홈페이지(www.ihd.or.kr)에서 확인하시기 바랍니다.
    ① 문제 및 정답 공개 : 20XX. XX. XX.(화)
    ② 합격자 발표 : 20XX. XX. XX.(금)

코딩활용능력 2급 [CAS] 엔트리 | [시험시간 : 40분]

[유의사항]

■ 각 문제의 정답은 다음과 같은 규칙으로 ENT 파일을 저장하시오.
  - 저장 위치 : 바탕 화면 > KAIT > 제출파일 폴더   - 파일명 : CAS_수검번호_이름.ent
  ※ 예시 : 수검번호가 CAS-0000-0000이고 수험자 이름이 홍길동인 경우 "CAS_000000_홍길동.ent"로 저장할 것
■ 문제에 제시된 블록코딩 외 임의로 오브젝트 및 블록 등을 추가할 경우 감점 처리됨
■ [문제 2~3]은 블록코딩을 원칙으로 하며, 오브젝트 설정 창에서 설정 시 감점 처리됨

프로젝트 설명 ▶ 로비에는 3개의 쓰레기가 떨어져 있다. 분리수거를 어떻게 해야 할까?
사이다병과 환타병은 플라스틱이기 때문에 분리수거함에 닿으면 플라스틱 리스트에 추가된다. 찌그러진캔의 경우 플라스틱이 아니기 때문에 분리수거함에 들어갈 수 없다.

문제 1 다음 [처리조건]에 따라 배경 및 개체를 설정하시오. (10점)

■ 배경 설정하기

[처리조건]	[배경]

① '장면1'에 '대기실' 배경을 불러오기
  - 이름을 '로비'로 변경하기
② '장면2'에 '아름다운 세상_1' 배경을 불러오기
  - 이름을 '아름다운 세상'으로 변경하기
	① 대기실 ② 아름다운 세상_1

■ 개체 설정하기(오브젝트는 순서대로 불러올 것)

[처리조건]	[오브젝트]

① '분리수거함' 오브젝트를 불러오기
  - 이름 **변경 없음**
② '찌그러진캔' 오브젝트를 불러오기
  - 이름 **변경 없음**
③ '사이다' 오브젝트를 불러오기
  - 이름을 '**사이다병**'으로 변경하기
④ '환타' 오브젝트를 불러오기
  - 이름을 '**환타병**'으로 변경하기
※ 기존의 '엔트리봇' 오브젝트는 삭제한다.
	① 분리수거함 ② 찌그러진캔
	 ③ 사이다 ④ 환타

문제 2 [주요블록]을 모두 사용하여 [처리조건]에 따라 개체를 코딩하시오. (80점)

■ '분리수거함' 오브젝트

'플라스틱' 리스트와 '쓰레기' 변수를 만든다. 시작하기 버튼을 클릭했을 때 '쓰레기' 변수는 '0'으로 정하고 '**분리수거함_플라스틱**' 모양으로 변경한다. 만일 '쓰레기' 값이 '3'이라면 '다음' 장면이 시작된다.

[처리조건]

① '플라스틱' 리스트 만들기
  (리스트 항목 수는 '0'으로 설정하기)
② '쓰레기' 변수 만들기
  (변수 기본 값은 '0', '모든 오브젝트에 사용' 설정하기)
③ 시작하기 버튼을 클릭했을 때
  - x: '175', y: '-70' 위치로 이동하기
  - '쓰레기'를 '0'으로 정하기
  - '(ㄱ)' 모양으로 바꾸기
  - '쓰레기를 버려주세요'를 '2'초 동안 말하기
  - 계속 반복하기
    - 만일 '쓰레기' 값 = '3' 이라면
      └ '0.5'초 기다리기
      └ '다음' 장면 시작하기

■ '찌그러진캔' 오브젝트

'찌그러진캔'은 오브젝트를 클릭하는 동안 '마우스 포인터' 위치로 이동한다. 만일 '분리수거함'에 닿으면 '분리수거를 다시 확인해 줘'라는 말과 함께 '어디에 버려야할까?'를 묻고 대답 기다린다. 만일 대답이 '캔'이 아니라면 다시 물어보고, 만일 대답이 '캔'이라면 '쓰레기' 변수에 '1'만큼 더한다. '찌그러진캔' 오브젝트는 '플라스틱' 리스트에 포함되지 않는다.

[처리조건]

① 오브젝트를 클릭했을 때
  - '오브젝트를 클릭했는가?' 인 동안 반복하기
    - '마우스포인터' 위치로 이동하기
    - 만일 '분리수거함'에 닿았는가? 라면
      └ '분리수거를 다시 확인해 줘'를 '1'초 동안 말하기
      └ '어디에 버려야할까?'를 묻고 대답 기다리기
      └ 만일 '대답' != '캔' 이라면
        > '한 글자 분리수거함이야!'를 '1'초 동안 말하기
        > '어디에 버려야할까?'를 묻고 대답 기다리기
      └ 만일 '대답' = '캔' 이라면
        > '정답이야~'를 '1'초 동안 말하기
        > '쓰레기'에 '(ㄴ)'만큼 더하기
        > 모양 숨기기
        > '0.5초 기다리기'

■ '사이다병' 오브젝트

'사이다병' 오브젝트를 클릭하는 동안 '마우스 포인터' 위치로 이동한다. 만일 '분리수거함'에 닿으면 '사이다병' 항목을 '플라스틱' 리스트에 추가하고, '쓰레기' 변수에 '1'만큼 더한다.

[처리조건]

① 시작하기 버튼을 클릭했을 때
- x: '-200부터 100 사이의 무작위 수'
  y: '-70' 위치로 이동하기
- 크기를 '50'으로 정하기

② 오브젝트를 클릭했을 때
- '오브젝트를 클릭했는가?'인 동안 반복하기
  – '마우스포인터' 위치로 이동하기
  – 만일 '분리수거함'에 닿았는가? 라면
    └ '분리수거 잘하네!'를 '1'초 동안 말하기
    └ '사이다병' 항목을 '플라스틱'에 추가하기
    └ '쓰레기'에 '1'만큼 더하기
    └ 모양 숨기기

■ '환타병' 오브젝트

'환타병' 오브젝트를 클릭하는 동안 '마우스 포인터' 위치로 이동한다. 만일 '분리수거함'에 닿으면 '환타병' 항목을 '플라스틱' 리스트에 추가하고, '쓰레기' 변수에 '1'만큼 더한다.

[처리조건]

① 시작하기 버튼을 클릭했을 때
- x: '-200부터 100 사이의 무작위 수'
  y: '-40' 위치로 이동하기
- 크기를 '40'으로 정한다

② 오브젝트를 클릭했을 때
- '오브젝트를 클릭했는가?'인 동안 반복하기
  – '마우스포인터' 위치로 이동하기
  – 만일 '분리수거함'에 닿았는가? 라면
    └ '분리수거 잘하네!'를 '1'초 동안 말하기
    └ '환타병' 항목을 '플라스틱'에 추가하기
    └ '쓰레기'에 '(ㄷ)'만큼 더하기
    └ 모양 숨기기

■ '아름다운 세상' 배경

'아름다운 세상' 장면이 시작되었을 때 '대답'과 '쓰레기' 변수 항목은 숨기고, '깨끗한 환경을 만들어줘서 고마워'를 '2'초 동안 말한다.

[처리조건]

▶ 장면이 시작되었을 때
- 대답 '숨기기'
- 변수 '쓰레기' 숨기기
- '깨끗한 환경을 만들어줘서 고마워'를 '2'초 동안 말하기

[주요블록]

문제 3 [주요블록]을 모두 사용하여 [처리조건]에 따라 프로젝트를 개선하시오. (10점)

■ '아름다운 세상' 배경

프로젝트를 다시 시작하려면 프로그램을 정지하고 다시 시작해야 해서 불편하다. '장면 2'에서 '아름다운 세상' 배경을 클릭하면 처음부터 다시 실행하도록 한다.

[처리조건]

▶ 오브젝트를 클릭했을 때
- '처음부터 시작합니다'를 '1'초 동안 말하기
- 좌우 모양 뒤집기
- '색깔' 효과를 '10'만큼 주기
- '1'초 기다리기
- 처음부터 다시 실행하기

[주요블록]

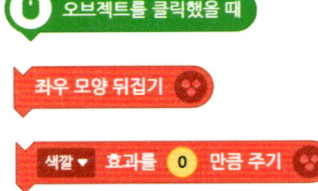

체크 포인트 — 1 유형 Y/N

- 시작하기 버튼을 클릭했을 때 플라스틱 분리수거함으로 모양이 변경됐나요? ☐ Y / ☐ N
- '쓰레기' 변수의 값은 '0'으로 설정 되어있나요? ☐ Y / ☐ N
- '플라스틱' 리스트가 생성되었나요? ☐ Y / ☐ N
- '찌그러진캔'은 '플라스틱' 리스트에 추가할 수 있나요? ☐ Y / ☐ N
- 쓰레기 버리기가 완료된 후 '플라스틱' 리스트에 추가된 항목은 2개입니다. 맞나요? ☐ Y / ☐ N

체크 포인트 — 2 유형 주관식

- '분리수거함_플라스틱' 모양으로 바꾸기 위해서는 (   ) 오브젝트 블록에서 설정해야 합니다.

  - 정답 :

- '플라스틱' 리스트에는 (   )과 (   ) 오브젝트만 추가할 수 있습니다.

  - 정답 :

- '찌그러진캔' 오브젝트를 분리수거함에 넣는 경우 (   )으로 분류해야 합니다.

  - 정답 :

- (   )의 변수 값이 '3'이 되어야 '다음' 장면이 시작됩니다.

  - 정답 :

- '플라스틱' 리스트 생성 시 리스트 항목 수는 (   )으로 설정해야 합니다.

  - 정답 :

제 10 회 코딩활용능력 출제예상 모의고사
(CAT : Coding Ability Test)

- **시험과목** : 코딩활용능력 2급 (엔트리)
- **시험일자** : 20XX. XX. XX.(토)
- 응시자 기재사항 및 감독위원 확인

수 검 번 호	CAS - XXXX -	감독위원 확인
성 명		

응시자 유의사항

1. 응시자는 신분증 또는 동등한 자격을 갖춘 증빙서류를 지참하여야 시험에 응시할 수 있으며, 시험이 종료될 때까지 신분증을 제시하지 못할 경우 해당 시험은 0점 처리됩니다.
2. 시스템(PC 작동 여부, 네트워크 상태 등)의 이상 여부를 반드시 확인하여야 하며, 시스템 이상이 있을 시 감독위원에게 조치를 받으셔야 합니다.
3. 시험 중 시스템 오류 또는 시스템 다운 증상에 대해서는 응시자 본인에게 책임이 있습니다.
4. 시험 중 부주의 또는 고의로 시스템을 파손한 경우는 응시자 부담으로 합니다.
5. 엔트리 버전은 최소 2.0.53 이상을 사용하여야 하며, 답안 전송 프로그램을 통하여 배포 받은 파일에 답안을 작성하시기 바랍니다. 감독위원의 지시에 따라 주시기 바랍니다.
6. 작성한 답안 파일은 답안 전송 프로그램을 통하여 자동으로 전송됩니다.
7. 다음 사항의 경우 실격(0점) 혹은 부정행위 처리됩니다.
   ① 답안을 저장하지 않았거나, 저장한 파일이 손상되었을 경우
   ② 답안 파일을 다른 보조 기억장치(USB) 혹은 네트워크(메신저, 게시판 등)로 전송할 경우
   ③ 휴대용 전화기 등 통신장비를 사용할 경우
8. 시험을 완료한 응시자는 답안을 저장하고, 답안 파일이 전송되었는지 확인한 후 감독위원의 지시에 따라 문제지를 제출한 후 퇴실하여야 합니다.
9. 시험시간이 종료된 이후에는 답안이 수정 또는 정정이 불가합니다.
10. 시험문제 공개 및 합격자 발표는 홈페이지(www.ihd.or.kr)에서 확인하시기 바랍니다.
    ① 문제 및 정답 공개 : 20XX. XX. XX.(화)
    ② 합격자 발표 : 20XX. XX. XX.(금)

코딩활용능력 2급 [CAS] 엔트리 [시험시간 : 40분]

[유의사항]

- 각 문제의 정답은 다음과 같은 규칙으로 ENT 파일을 저장하시오.
  - 저장 위치 : 바탕 화면 > KAIT > 제출파일 폴더
  - 파일명 : CAS_수검번호_이름.ent
  - ※ 예시 : 수검번호가 CAS-0000-0000000이고 수험자 이름이 홍길동인 경우 "CAS_C00000_홍길동.ent"로 저장할 것
- 문제에 제시된 블록코딩 외 임의로 오브젝트 및 블록 등을 추가할 경우 감점 처리됨
- [문제 2~3]은 블록코딩을 원칙으로 하며, 오브젝트 설정 창에서 설정 시 감점 처리됨

프로젝트 설명 ▶ 소원을 들어주는 램프가 있다. 소원은 몇 개까지 말할 수 있을까?
요정에게 소원 목록을 말하면 공주와 양탄자의 모습이 보여진다. 공주와 양탄자가 모두 준비되면 하늘 날기 소원을 들어준다.

  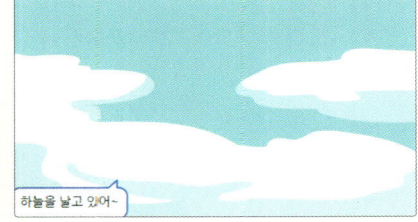

문제 1 다음 [처리조건]에 따라 배경 및 개체를 설정하시오. (10점)

■ 배경 설정하기

[처리조건]	[배경]	

① '장면1'에 '알라딘 배경' 배경을 불러오기
  – 이름 **변경 없음**
② '장면2'에 '구름 세상' 배경을 불러오기
  – 이름을 '**하늘**'로 변경하기
	① 알라딘 배경	② 구름 세상

■ 개체 설정하기 (오브젝트는 순서대로 불러올 것)

[처리조건]	[오브젝트]	

① '램프 요정' 오브젝트를 불러오기
  – 이름을 '**요정**'으로 변경하기
② '마법 양탄자(1)' 오브젝트를 불러오기
  – 이름을 '**양탄자**'로 변경하기
③ '아랍 왕자' 오브젝트를 불러오기
  – 이름을 '**왕자**'로 변경하기
④ '아랍 공주' 오브젝트를 불러오기
  – 이름을 '**공주**'로 변경하기
※ 기존의 '엔트리봇' 오브젝트는 삭제한다.
	① 램프 요정
	③ 아랍 왕자
		② 마법 양탄자(1)
		④ 아랍 공주

문제 2 [주요블록]을 모두 사용하여 [처리조건]에 따라 개체를 코딩하시오. (80점)

■ '요정' 오브젝트

'요정' 오브젝트는 '요정 부르기' 신호를 받았을 때 모양이 보여지면서 '소원' 변수 값을 '3'으로 정한다. '소원' 변수가 '0'이 될 때까지 반복하며 소원을 물어본다. 만일 소원 값이 '0'이 되면 '다음' 장면을 시작한다.

[처리조건]

① '하늘 날기', '요정 부르기' 신호 만들기
② '소원' 변수 만들기
  (변수 기본 값은 '0', '모든 오브젝트에서 사용되는 변수'로 설정)
③ 시작하기 버튼을 클릭했을 때
  - x: '-120', y: '-6' 위치로 이동하기
  - 크기를 '150'으로 정하기
  - 좌우 모양 뒤집기
  - 모양 숨기기
④ '요정 부르기' 신호를 받았을 때
  - '소원'을 (ㄱ)으로 정하기
  - 대답 숨기기
  - '2'초 기다리기
  - 모양 보이기
  - '소원' 값 = '0'이 될 때까지 반복하기
    - '소원을 말해보렴'을 묻고 대답 기다리기
    - '2'초 기다리기
  - 반복 중단하기
  - 만일 '소원' 값 = '0' 이라면
    - '소원을 이루어줄게'를 '2'초 동안 말하기
    - '다음' 장면 시작하기

[주요블록]

(시작하기 버튼을 클릭했을 때 / 대상 없음 신호를 받았을 때 / 반복 중단하기 / x: 0 y: 0 위치로 이동하기 / 크기를 0 (으)로 정하기 / 좌우 모양 뒤집기 / 0 = 0 / 대답 숨기기 / 변수 값 / 참 이 될 때까지 반복하기 / 참 이(가) 될 때까지 기다리기)

■ '양탄자' 오브젝트

'소원 빌기'와 '소원 목록' 리스트를 만들고, 만일 '대답'에 '소원 목록' 리스트 중 '1' 번째 항목인 '양탄자'가 있으면 '소원' 변수 값에서 '-1'만큼 더하고, '대답'을 '소원 빌기' 리스트 '1' 번째 항목에 넣는다.

[처리조건]

① '소원 빌기', '소원 목록' 리스트 만들기
  ('소원 목록'의 리스트 항목 수는 '3'으로 설정하고, 리스트 기본 값은 차례대로 '양탄자', '공주', '하늘 날기'로 설정한다. '소원 빌기'의 리스트 항목 수는 0으로 설정한다.)
② 시작하기 버튼을 클릭했을 때
  - x: '63', y: '-85' 위치로 이동하기
  - 모양 숨기기
  - 계속 반복하기
    - 만일 '대답' = '소원 목록'의 '1' 번째 항목이라면
      └ 모양 보이기
      └ '소원'에 '(ㄴ)'만큼 더하기
      └ '대답'을 '소원 빌기'의 '1' 번째에 넣기
      └ '0.5'초 기다리기
      └ '하늘을 나는 양탄자야'를 '1' 초 동안 말하기
      └ 반복 중단하기

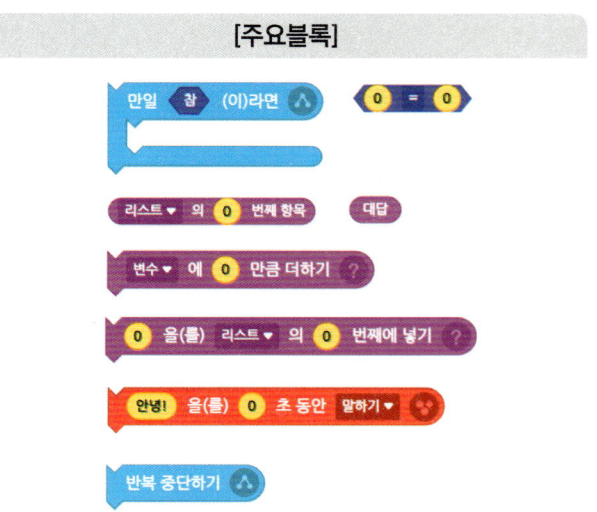

■ '왕자' 오브젝트

'왕자'는 프로젝트가 시작했을 때 '요정 부르기' 신호를 보낸다. '요정'이 물어보는 질문에 대한 '대답'이 만일 '소원 목록' 리스트의 '3'번째 항목이라면 '양탄자'와 '공주'가 '소원 빌기' 리스트에 있는지를 확인하고 '하늘 날기' 신호를 보낸다.

[처리조건]

① 시작하기 버튼을 클릭했을 때
- 크기를 '80'으로 정하기
- x: '60', y: '-55' 위치로 이동하기
- '요정 부르기' 신호 보내기
- '요술 램프에 소원을 빌어보자'를 '2'초 동안 갈하기
- 계속 반복하기
  - 만일 '대답' = '소원 목록'의 '3'번째 항목 이라면
    └ '양탄자와 공주가 있어야해'를 '1'초 동안 말하기
    └ '하늘 날기' 신호 보내기
    └ 반복 중단하기
② '하늘 날기' 신호를 받았을 때
- '대답' 항목을 '소원 빌기'에 추가하기
- '소원'에 '-1'만큼 더하기

■ '공주' 오브젝트

만일 '대답'에 '소원 목록' 리스트 중 '2'번째 항목인 '공주'가 있으면 '소원' 변수 값에서 '-1'만큼 더하고, '대답'을 '소원 빌기' 리스트에 추가한다.

[처리조건]

① 시작하기 버튼을 클릭했을 때
- x: '165', y: '-30' 위치로 이동하기
- 모양 숨기기
- 계속 반복하기
  - 만일 '대답' = '소원 목록'의 '(ㄷ)' 번째 항목이라면
    └ 모양 보이기
    └ '소원'에 '-1'만큼 더하기
    └ '대답' 항목을 '소원 빌기'에 추가하기
    └ '0.5'초 기다리기
    └ '나는 자스민이야'를 '1' 초 동안 말하기
    └ 반복 중단하기

■ '하늘' 배경

'하늘' 장면이 시작되었을 때 대답과 변수, 리스트 항목을 모두 숨기기한다. '하늘을 날고 있어~'를 '2'초 동안 말한다.

[처리조건]	[주요블록]
▶ 장면이 시작되었을 때 • 대답 '숨기기' • 변수 '소원' 숨기기 • 리스트 '소원 목록' 숨기기 • 리스트 '소원 빌기' 숨기기 • '하늘을 날고 있어~'를 '2'초 동안 말하기	

문제 3 [주요블록]을 모두 사용하여 [처리조건]에 따라 프로젝트를 개선하시오. (10점)

■ '하늘' 배경

프로젝트를 다시 시작하려면 프로그램을 정지하고 다시 시작해야 해서 불편하다. '장면 2'에서 '하늘' 배경을 클릭하면 처음부터 다시 실행하도록 프로젝트를 개선하려고 한다.

[처리조건]	[주요블록]
▶ 오브젝트를 클릭했을 때 • '색깔' 효과를 '70'만큼 주기 • '다시 소원을 빌어볼까?'를 '1'초 동안 말하기 • 처음부터 다시 실행하기	

체크 포인트 1 유형 Y/N

- 시작하기 버튼을 클릭했을 때 '요정'의 모습이 바로 보이나요? □ Y / □ N
- '소원'은 총 '3'번 말할 수 있습니다. 맞나요? □ Y / □ N
- '소원 목록' 중에서 '하늘 날기'는 '양탄자'와 '공주' 둘 중 하나라도 없으면 소원을 이뤄주지 않아요. □ Y / □ N
- '양탄자'를 첫 번째로 대답하지 않아도 '소원 빌기' 리스트 첫 번째 항목에 추가됩니다. □ Y / □ N
- '양탄자' 오브젝트에서 '하늘 날기' 신호를 보냅니다. □ Y / □ N

체크 포인트 2 유형 주관식

- '요정'의 모습이 보이게 하려면 (   ) 신호를 보내야 합니다.

  - 정답 :

- '소원 빌기' 목록 리스트는 항목 수가 '0'개 그리고 '소원 목록' 리스트는 항목 수가 (   )개로 설정되어있습니다.

  - 정답 :

- '하늘 날기' 소원을 말하고 '소원 빌기' 목록에 (   )와 (   )가 추가 되어있어야지만 실행가능합니다.

  - 정답 :

- '양탄자'를 말할 때 순서 상관 없이 '소원 빌기' (   )번째 항목에 추가됩니다.

  - 정답 :

- '소원' 변수가 (   )개가 되면 다음 장면이 실행됩니다.

  - 정답 :

CAT
코딩활용능력 2급
3급 포함

PART 04

코딩활용능력 최신유형 기출문제
제 01 ~ 05 회

제 01 회 코딩활용능력 최신유형 기출문제
(CAT : Coding Ability Test)

- **시험과목** : 코딩활용능력 2급 (엔트리)
- **시험일자** : 20XX. XX. XX.(토)
- 응시자 기재사항 및 감독위원 확인

수 검 번 호	CAS – XXXX –	감독위원 확인
성 명		

응시자 유의사항

1. 응시자는 신분증 또는 동등한 자격을 갖춘 증빙서류를 지참하여야 시험에 응시할 수 있으며, 시험이 종료될 때까지 신분증을 제시하지 못할 경우 해당 시험은 0점 처리됩니다.

2. 시스템(PC 작동 여부, 네트워크 상태 등)의 이상 여부를 반드시 확인하여야 하며, 시스템 이상이 있을 시 감독위원에게 조치를 받으셔야 합니다.

3. 시험 중 시스템 오류 또는 시스템 다운 증상에 대해서는 응시자 본인에게 책임이 있습니다.

4. 시험 중 부주의 또는 고의로 시스템을 파손한 경우는 응시자 부담으로 합니다.

5. 엔트리 버전은 최소 2.0.53 이상을 사용하여야 하며, 답안 전송 프로그램을 통하여 배포 받은 파일에 답안을 작성하시기 바랍니다. 감독위원의 지시에 따라 주시기 바랍니다.

6. 작성한 답안 파일은 답안 전송 프로그램을 통하여 자동으로 전송됩니다.

7. 다음 사항의 경우 실격(0점) 혹은 부정행위 처리됩니다.
   ① 답안을 저장하지 않았거나, 저장한 파일이 손상되었을 경우
   ② 답안 파일을 다른 보조 기억장치(USB) 혹은 네트워크(메신저, 게시판 등)로 전송할 경우
   ③ 휴대용 전화기 등 통신장비를 사용할 경우

8. 시험을 완료한 응시자는 답안을 저장하고, 답안 파일이 전송되었는지 확인한 후 감독위원의 지시에 따라 문제지를 제출한 후 퇴실하여야 합니다.

9. 시험시간이 종료된 이후에는 답안이 수정 또는 정정이 불가합니다.

10. 시험문제 공개 및 합격자 발표는 홈페이지(www.ihd.or.kr)에서 확인하시기 바랍니다.
    ① 문제 및 정답 공개 : 20XX. XX. XX.(화)
    ② 합격자 발표 : 20XX. XX. XX.(금)

코딩활용능력 2급 [CAS] 엔트리   [시험시간 : 40분]

[유의사항]

- 각 문제의 정답은 다음과 같은 규칙으로 ENT 파일을 저장하시오.
  - 저장 위치 : 바탕 화면 > KAIT > 제출파일 폴더   - 파일명 : CAS_수검번호_이름.ent
  ※ 예시 : 수검번호가 CAS-0000-0000000이고 수험자 이름이 홍길동인 경우 "CAS_000000_홍길동.ent"로 저장할 것
- 문제에 제시된 블록코딩 외 임의로 오브젝트 및 블록 등을 추가할 경우 감점 처리됨
- [문제 2~3]은 블록코딩을 원칙으로 하며, 오브젝트 설정 창에서 설정 시 감점 처리됨

프로젝트 설명 ▶ 소년이 가는 길마다 과자를 뿌려두었다. 과연 소녀는 떨어진 과자를 보고 오빠를 찾을 수 있을까? 소녀가 땅에 떨어진 과자 10개에 닿으면 점수가 1씩 증가한다. 점수의 값이 10이 되면 다음 장면이 시작된다.

문제 1 다음 [처리조건]에 따라 배경 및 개체를 설정하시오. (10점)

■ **배경 설정하기**

[처리조건]	[배경]	
① '장면1'에 '오솔길' 배경을 불러오기 　- 이름 변경 없음 ② '장면2'에 '과자나라 풍경' 배경을 불러오기 　- 이름을 **'과자집'**으로 변경하기	① 오솔길 	② 과자나라 풍경 

■ **개체 설정하기**(오브젝트는 순서대로 불러올 것)

[처리조건]	[오브젝트]	
① '과자나라 소녀(2)' 오브젝트를 불러오기 　- 이름을 **'소녀'**로 변경하기 ② '과자나라 소년(2)' 오브젝트를 불러오기 　- 이름을 **'소년'**으로 변경하기	① 과자나라 소녀(2) 	② 과자나라 소년(2) 
③ '쿠키' 오브젝트를 불러오기 　- 이름을 **'과자1'**로 변경하기 ④ '[묶음] EAT ME 쿠키' 오브젝트를 불러오기 　- 이름을 **'과자2'**로 변경하기 ※ 기존의 '엔트리봇' 오브젝트는 삭제한다.	③ 쿠키 	④ [묶음] EAT ME 쿠키 

문제 2 [주요블록]을 모두 사용하여 [처리조건]에 따라 개체를 코딩하시오. (80점)

■ '소녀' 오브젝트

'소녀' 오브젝트는 '과자 뿌리기' 신호를 받았을 때 키보드 '오른쪽 화살표'와 '왼쪽 화살표'를 눌렀을 때 x좌표를 '-1'과 '1'만큼 변경하면서 이동하고 만일 '점수' 변수 값이 '10'인 경우 '다른 오브젝트'의 코드를 멈추고 '2'초 동안 '소녀'의 위치로 이동한다.

[처리조건]

① '과자 뿌리기' 신호 만들기
② '점수' 변수 만들기
   (변수 기본 값은 '0', '모든 오브젝트에 사용' 설정하기)
③ 시작하기 버튼을 클릭했을 때
   - x: '-250', y: '0' 위치로 이동하기
   - 모양 숨기기
④ '과자 뿌리기' 신호를 받았을 때
   - 모양 보이기
   - '2'초 동안 x: '-170', y: '-35' 위치로 이동하기
   - '오빠가 어디갔지?'를 '1'초 동안 말하기
   - 계속 반복하기
     - 만일 '오른쪽 화살표' 키가 눌러져 있는가? 라면
       └ x 좌표를 '1'만큼 바꾸기
     - 만일 '왼쪽 화살표' 키가 눌러져 있는가? 라면
       └ x 좌표를 '-1'만큼 바꾸기
     - 만일 '과자1'에 닿았는가? 라면
       └ '오빠가 근처에 있을지도 몰라'를 '1'초 동안 말하기
⑤ '과자 뿌리기' 신호를 받았을 때
   - 계속 반복하기
     - 만일 '점수' 값 = '(ㄱ)'이라면
       └ '다른 오브젝트'의 코드 멈추기
       └ '저기 과자집이 보여!'를 '1'초 동안 말하기
       └ '1'초 기다리기
       └ '2'초 동안 '소녀' 위치로 이동하기
       └ 모양 숨기기
       └ '다음' 장면 시작하기

[주요블록]

- 시작하기 버튼을 클릭했을 때
- x: 0 y: 0 위치로 이동하기
- 크기를 0 (으)로 정하기
- 모양 숨기기 / 모양 보이기
- 0 초 동안 x: 0 y: 0 만큼 움직이기
- 계속 반복하기 / 만일 참 (이)라면
- 0 = 0 / 변수 값
- 모든 코드 멈추기
- 0 초 동안 엔트리봇 위치로 이동하기
- 다음 장면 시작하기

■ '소년' 오브젝트

'소년' 오브젝트는 시작하기 버튼을 클릭했을 때 '5'초 동안 x: '250', y: '-10' 위치로 이동하며, '동생이 과자를 보고 날 찾아야할텐데..'를 '1'초 동안 말한다. 만일 '오른쪽 벽'에 닿았는가? 라면 모양을 숨기며 '과자 뿌리기' 신호를 보낸다

[처리조건]

① 시작하기 버튼을 클릭했을 때
   - x: '-190', y: '5' 위치로 이동하기
   - '5'초 동안 x: '250', y: '-10' 위치로 이동하기
   - '동생이 과자를 보고 날 찾아야할텐데..'를 '1'초 동안 말하기
   - 만일 '오른쪽 벽'에 닿았는가? 라면
     └ 모양 숨기기
     └ '과자 뿌리기' 신호 보내기

[주요블록]

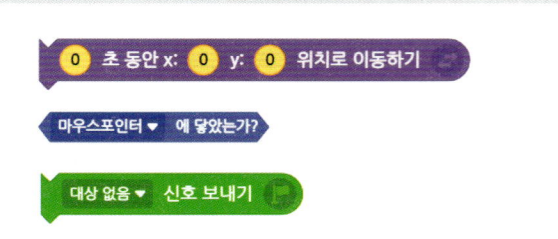

■ '과자1' 오브젝트

'과자1'은 시작하기 버튼을 클릭했을 때 x, y 좌표를 무작위 위치에서 생성되도록 설정하고, 크기는 '20'으로 설정한다. '**과자 뿌리기**' 신호를 받았을 때 '소녀'에 닿았으면 '0.1'초 기다린 후 모양을 숨긴다.

[처리조건]

① 시작하기 버튼을 클릭했을 때
- x: '-171부터 0 사이의 무작위 수'
  y: '-50부터 -100 사이의 무작위 수' 위치로 이동하기
- 크기를 '20'으로 정하기
- 모양 숨기기

② '(ㄴ)' 신호를 받았을 때
- 모양 보이기
- 계속 반복하기
  - 만일 '소녀'에 닿았는가? 라면
    └ '0.1'초 기다리기
    └ 모양 숨기기

[주요블록]

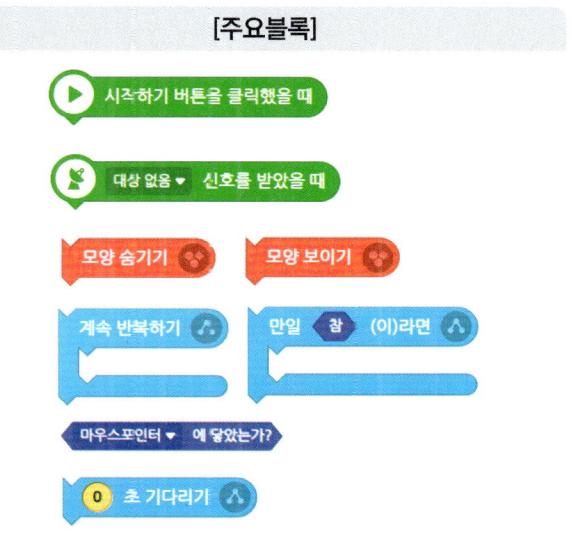

■ '과자2' 오브젝트

'과자2' 오브젝트는 '점수' 값이 '10'이 될 때까지 '자신'의 복제본을 만들고 '1'부터 '3' 사이의 무작위 초 기다린다. 복제본이 처음 생성되었을 때 x, y좌표를 무작위 수 위치로 이동하고, 만일 '소녀에 닿았는가?'라면 '점수' 변수에 '1'만큼 더한 후 복제본을 삭제한다.

[처리조건]

① 시작하기 버튼을 클릭했을 때
- 크기를 '20'으로 정하기
- 모양 숨기기
- '6초 기다리기
- '점수' 값 = '(ㄷ)'이 될 때까지 반복하기
  - '자신'의 복제본 만들기
  - '1부터 3 사이의 무작위 수' 초 기다리기

② 복제본이 처음 생성되었을 때
- 모양 보이기
- x: '-100부터 200 사이의 무작위 수'
  y: '-30부터 -100 사이의 무작위 수' 위치로 이동하기
- 계속 반복하기
  - 만일 '소녀에 닿았는가?'라면
    └ '점수'에 '1'만큼 더하기
    └ 이 복제본 삭제하기

[주요블록]

■ '과자집' 배경

'과자집' 배경이 시작되었을 때 '점수' 변수를 숨기고 '분명 저곳에 오빠가 있어!'를 '2'초 동안 말한다.

[처리조건]	[주요블록]
▶ 장면이 시작되었을 때 　• 변수 '점수' 숨기기 　• '분명 저곳에 오빠가 있어'를 '2'초 동안 말하기	

문제 3 [주요블록]을 모두 사용하여 [처리조건]에 따라 프로젝트를 개선하시오. (10점)

■ '과자집' 배경

프로젝트를 다시 시작하려면 프로그램을 정지하고 다시 시작해야 해서 불편하다. '장면 2'에서 '과자집' 배경을 클릭하면 처음부터 다시 실행하도록 프로젝트를 개선하려고 한다.

[처리조건]	[주요블록]
▶ 오브젝트를 클릭했을 때 　• '색깔' 효과를 '20'만큼 주기 　• '꺄!! 마녀가 나타났다'를 '2'초 동안 말하기 　• 처음부터 다시 실행하기	

체크 포인트 — 1 유형 Y/N

- 시작하기 버튼을 클릭했을 때 '소년'은 오른쪽에서 왼쪽 방향으로 움직이나요? ☐ Y / ☐ N
- 시작하기 버튼을 클릭했을 때 '소녀'의 모습이 화면에 보이나요? ☐ Y / ☐ N
- '소녀'의 x 좌표를 변경하려면 키보드의 '오른쪽 화살표'와 '왼쪽 화살표'를 사용합니다. ☐ Y / ☐ N
- '소녀'가 '과자1' 오브젝트에 '10'번 닿으면 다음 장면으로 이동합니다. ☐ Y / ☐ N
- '점수' 변수에 증가하는 수는 '1'입니다. ☐ Y / ☐ N

체크 포인트 — 2 유형 주관식

- '소녀'의 모습이 보이게 하려면 (　　　) 신호를 보내야 합니다.

  - 정답 :

- '소녀'의 x 위치를 '-1'씩 변경하려면 키보드의 (　　　) 키를 클릭합니다.

  - 정답 :

- '과자2' 오브젝트가 '소녀'에게 (　　　)번 닿으면 다음 장면이 실행됩니다.

  - 정답 :

- '소녀' 오브젝트가 '과자 뿌리기' 신호를 받았을 때 '점수' 값이 '10'이라면 (　　　) 코드를 멈춥니다.

  - 정답 :

- '점수' 변수가 (　　　)개가 되면 다음 장면이 실행됩니다.

  - 정답 :

제 02 회 코딩활용능력 최신유형 기출문제
(CAT : Coding Ability Test)

- **시험과목** : 코딩활용능력 2급 (엔트리)
- **시험일자** : 20XX. XX. XX.(토)
- 응시자 기재사항 및 감독위원 확인

A

수 검 번 호	CAS - XXXX -	감독위원 확인
성 명		

응시자 유의사항

1. 응시자는 신분증 또는 동등한 자격을 갖춘 증빙서류를 지참하여야 시험에 응시할 수 있으며, 시험이 종료될 때까지 신분증을 제시하지 못할 경우 해당 시험은 0점 처리됩니다.

2. 시스템(PC 작동 여부, 네트워크 상태 등)의 이상 여부를 반드시 확인하여야 하며, 시스템 이상이 있을 시 감독위원에게 조치를 받으셔야 합니다.

3. 시험 중 시스템 오류 또는 시스템 다운 증상에 대해서는 응시자 본인에게 책임이 있습니다.

4. 시험 중 부주의 또는 고의로 시스템을 파손한 경우는 응시자 부담으로 합니다.

5. 엔트리 버전은 최소 2.0.53 이상을 사용하여야 하며, 답안 전송 프로그램을 통하여 배포 받은 파일에 답안을 작성하시기 바랍니다. 감독위원의 지시에 따라 주시기 바랍니다.

6. 작성한 답안 파일은 답안 전송 프로그램을 통하여 자동으로 전송됩니다.

7. 다음 사항의 경우 실격(0점) 혹은 부정행위 처리됩니다.
   ① 답안을 저장하지 않았거나, 저장한 파일이 손상되었을 경우
   ② 답안 파일을 다른 보조 기억장치(USB) 혹은 네트워크(메신저, 게시판 등)로 전송할 경우
   ③ 휴대용 전화기 등 통신장비를 사용할 경우

8. 시험을 완료한 응시자는 답안을 저장하고, 답안 파일이 전송되었는지 확인한 후 감독위원의 지시에 따라 문제지를 제출한 후 퇴실하여야 합니다.

9. 시험시간이 종료된 이후에는 답안이 수정 또는 정정이 불가합니다.

10. 시험문제 공개 및 합격자 발표는 홈페이지(www.ihd.or.kr)에서 확인하시기 바랍니다.
    ① 문제 및 정답 공개 : 20XX. XX. XX.(화)
    ② 합격자 발표 : 20XX. XX. XX.(금)

한국정보통신진흥협회 KAIT

코딩활용능력 2급 [CAS] 엔트리 | [시험시간 : 40분]

[유의사항]

- 각 문제의 정답은 다음과 같은 규칙으로 ENT 파일을 저장하시오.
  - 저장 위치 : 바탕 화면 > KAIT > 제출파일 폴더 　파일명 : CAS_수검번호_이름.ent
  - ※ 예시 : 수검번호가 CAS-0000-0000000이고 수험자 이름이 홍길동인 경우 "CAS_C00000_홍길동.ent"로 저장할 것
- 문제에 제시된 블록코딩 외 임의로 오브젝트 및 클록 등을 추가할 경우 감점 처리됨
- [문제 2~3]은 블록코딩을 원칙으로 하며, 오브젝트 설정 창에서 설정 시 감점 처리됨

프로젝트 설명 2명의 승객이 버스를 기다리고 있다. 버스 요금은 얼마일까?
키보드의 스페이스 키를 눌렀을 때 '어린이, 어른 중 말씀해주세요.' 질문하고 대답을 기다린다. 어린이의 버스요금은 800원이고, 어른의 버스요금은 1500원이다.

문제 1 다음 [처리조건]에 따라 배경 및 개체를 설정하시오. (10점)

■ 배경 설정하기

[처리조건]	[배경]	
① '장면1'에 '길거리(1)' 배경을 불러오기 　- 이름을 '**버스정류장**'으로 변경하기 ② '장면2'에 '학교 앞 문구점' 배경을 불러오기 　- 이름을 '**문구점**'으로 변경하기	① 길거리(1) 	② 학교 앞 문구점 

■ 개체 설정하기 (오브젝트는 순서대로 불러올 것)

[처리조건]	[오브젝트]	
① '유치원생(6)' 오브젝트를 불러오기 　- 이름을 '**유치원생**'으로 변경하기 ② '인사하는 사람(2)' 오브젝트를 불러오기 　- 이름을 '**외국인**'으로 변경하기 ③ '파란 버스' 오브젝트를 불러오기 　- 이름을 '**시내버스**'로 변경하기 ④ '엔트리 동전' 오브젝트를 불러오기 　- 이름을 '**버스요금**'으로 변경하기 ※ 기존의 '엔트리봇' 오브젝트는 삭제한다.	① 유치원생(6)  ③ 파란 버스 	② 인사하는 사람(2)  ④ 엔트리 동전 

문제 2 [주요블록]을 모두 사용하여 [처리조건]에 따라 개체를 코딩하시오. (80점)

■ '유치원생' 오브젝트

'어른', '어린이', '출발', '탑승완료' 신호를 만들고 '버스요금' 변수를 만든다. '어린이' 신호를 받았을 때 '버스요금' 값이 '800'이라면 '800원 드릴게요'라고 말하며 '1' 초 동안 x: '150', y: '-45' 위치로 이동한다. '버스요금'을 '0'으로 정하고 모양을 숨기며 '이' 코드를 멈춘다.

[처리조건]

① '어른', '어린이', '출발', '탑승완료' 신호 만들기

② '버스요금' 변수 만들기
   (변수 기본 값은 '0', '모든 오브젝트에 사용' 설정하기)

③ 시작하기 버튼을 클릭했을 때
   - x: '0', y: '-45' 위치로 이동하기
   - 크기를 '60'으로 정하기

④ '어린이' 신호를 받았을 때
   - 만일 '버스요금' 값 = '(ㄱ)'이라면
     – '800원 드릴게요'를 '1' 초 동안 말하기
     – '1' 초 동안 x: '150', y: '-45' 위치로 이동하기
     – '버스요금'을 '0'으로 정하기
     – 모양 숨기기
     – '이' 코드 멈추기

[주요블록]

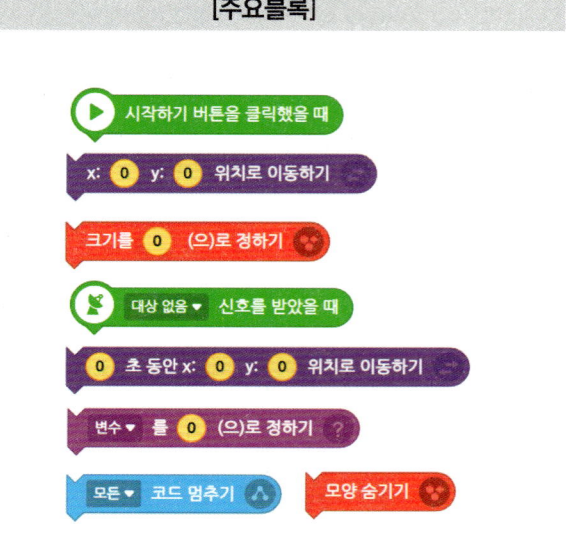

■ '외국인' 오브젝트

시작하기 버튼을 클릭했을 때 좌우 모양을 뒤집는다. '어른' 신호를 받았을 때 '버스요금' 값이 '1500'인지 확인 후에 '탑승완료' 신호를 보낸다.

[처리조건]

① 시작하기 버튼을 클릭했을 때
   - x: '-100', y: '-15' 위치로 이동하기
   - 좌우 모양 뒤집기
   - 크기를 '100'으로 정하기

② '어른' 신호를 받았을 때
   - 만일 '버스요금' 값 = '(ㄴ)'이라면
     – '1500원 드릴게요'를 '1' 초 동안 말하기
     – '1' 초 동안 x: '50', y: '-45' 위치로 이동하기
     – 모양 숨기기
     – '탑승완료' 신호 보내기

■ '시내버스' 오브젝트

'스페이스' 키를 눌렀을 때 '출발' 신호를 보낸다. '출발' 신호를 받았을 때 '어린이'와 '어른' 중 선택할 수 있도록 묻고 '대답'에 따라 '어린이' 신호와 '어른' 신호를 보낸다. '탑승완료' 신호를 받았을 때 '다음' 장면을 시작한다.

[처리조건]

① 시작하기 버튼을 클릭했을 때
- 대답 '숨기기'
- 크기를 '210'으로 정하기
- x: '350', y: '-50' 위치로 이동하기
- '2'초 동안 x: '150', y: '-50' 위치로 이동하기
- '안녕하세요~'를 '1' 초 동안 말하기

② '스페이스' 키를 눌렀을 때
- '출발' 신호 보내고 기다리기

③ '출발' 신호를 받았을 때
- '어린이, 어른 중 말씀해 주세요.'를 묻고 대답 기다리기
- 만일 '대답' = '어린이'라면
  - '800원입니다'를 '1' 초 동안 말하기
  - '어린이' 신호 보내기
  - '버스요금' 값 = '800'이 될 때까지 기다리기
  - '2'초 기다리기
  - '2'초 동안 x: '10', y: '-50' 위치로 이동하기
- 아니면
  - ' 500원입니다'를 '1' 초 동안 말하기
  - '어른' 신호 보내기

④ '탑승완료' 신호를 받았을 때
- '버스 출발합니다~'를 '1' 초 동안 말하기
- '2'초 동안 x: '-500', y: '-50' 위치로 이동하기
- '다음' 장면 시작하기

[주요블록]

■ '버스요금' 오브젝트

'버스요금' 오브젝트를 클릭했을 때 '얼마를 내야 할까요?'를 묻고 대답을 기다린다. '버스요금' 변수를 '대답'으로 정하고 '버스요금' 값이 '800'이라면 '어린이' 신호를 보내고 '버스요금' 값이 '1500'이라면 '어른' 신호를 보낸다.

[처리조건]

① 시작하기 버튼을 클릭했을 때
- x: '-180', y: '-80' 위치로 이동하기
- 크기를 '90'으로 정하기

② 오브젝트를 클릭했을 때
- '얼마를 내야 할까요?'를 묻고 대답 기다리기
- '버스요금'을 '(ㄷ)'으로 정하기
- 만일 '버스요금' 값 = '800'이라면
  - '어린이' 신호 보내기
- 만일 '버스요금' 값 = '1500'이라면
  - '어른' 신호 보내기

[주요블록]

'문구점' 배경

'문구점' 장면이 시작되었을 때 '대답'을 숨기고 '이번 정류장은 엔트리 문구점입니다.'를 '2'초 동안 말한다.

[처리조건]

▶ 장면이 시작되었을 때
- 대답 '숨기기'
- '이번 정류장은 엔트리 문구점입니다.'를 '2'초 동안 말하기

[주요블록]

문제 3 [주요블록]을 모두 사용하여 [처리조건]에 따라 프로젝트를 개선하시오. (10점)

'문구점' 배경

프로젝트를 다시 시작하려면 프로그램을 정지하고 다시 시작해야 해서 불편하다. '장면 2'에서 '문구점' 배경을 클릭하면 처음부터 다시 실행하도록 프로젝트를 개선하려고 한다.

[처리조건]

▶ 오브젝트를 클릭했을 때
- '색깔' 효과를 '5'만큼 주기
- '처음부터 다시 시작합니다.'를 '1' 초 동안 말하기
- '1' 초 기다리기
- 처음부터 다시 실행하기

[주요블록]

체크 포인트   1 유형 Y/N

- 시작하기 버튼을 클릭했을 때 '시내버스'가 '유치원생' 앞으로 이동하나요?   ☐ Y / ☐ N
- '스페이스' 키를 클릭했을 때 '청소년, 어른 중 말씀해주세요.'라고 묻나요?   ☐ Y / ☐ N
- '어른'의 버스요금은 '1500원' 입니다.   ☐ Y / ☐ N
- '버스요금' 오브젝트를 클릭했을 때 '숫자'만 입력합니다.   ☐ Y / ☐ N
- '버스요금' 변수의 값이 '800'일 경우 '어린이' 신호를 보냅니다.   ☐ Y / ☐ N

체크 포인트   2 유형 주관식

- '시내버스'에 탑승하기 위해서는 키보드의 '스페이스' 키를 눌러서 (   ) 신호를 보내고 기다립니다.
  - 정답 :

- '어린이, 어른 중 말씀해주세요.'라는 질문에 '어린이'라고 대답하면 '(   )원입니다'를 '1'초 동안 말합니다.
  - 정답 :

- '어른'의 버스요금은 (   )원입니다.
  - 정답 :

- '어른' 신호를 받은 후 '버스요금' 값이 '1500'이라면 (   ) 신호를 보냅니다.
  - 정답 :

- '탑승완료' 신호를 받았을 때 '시내버스'는 '(   ) 출발합니다~'를 '1'초 동안 말합니다.
  - 정답 :

제 03 회 코딩활용능력 최신유형 기출문제
(CAT : Coding Ability Test)

- **시험과목** : 코딩활용능력 2급 (엔트리)
- **시험일자** : 20XX. XX. XX.(토)
- 응시자 기재사항 및 감독위원 확인

수 검 번 호	CAS – XXXX –	감독위원 확인
성 명		

응시자 유의사항

1. 응시자는 신분증 또는 동등한 자격을 갖춘 증빙서류를 지참하여야 시험에 응시할 수 있으며, 시험이 종료될 때까지 신분증을 제시하지 못할 경우 해당 시험은 0점 처리됩니다.
2. 시스템(PC 작동 여부, 네트워크 상태 등)의 이상 여부를 반드시 확인하여야 하며, 시스템 이상이 있을 시 감독위원에게 조치를 받으셔야 합니다.
3. 시험 중 시스템 오류 또는 시스템 다운 증상에 대해서는 응시자 본인에게 책임이 있습니다.
4. 시험 중 부주의 또는 고의로 시스템을 파손한 경우는 응시자 부담으로 합니다.
5. 엔트리 버전은 최소 2.0.53 이상을 사용하여야 하며, 답안 전송 프로그램을 통하여 배포 받은 파일에 답안을 작성하시기 바랍니다. 감독위원의 지시에 따라 주시기 바랍니다.
6. 작성한 답안 파일은 답안 전송 프로그램을 통하여 자동으로 전송됩니다.
7. 다음 사항의 경우 실격(0점) 혹은 부정행위 처리됩니다.
   ① 답안을 저장하지 않았거나, 저장한 파일이 손상되었을 경우
   ② 답안 파일을 다른 보조 기억장치(USB) 혹은 네트워크(메신저, 게시판 등)로 전송할 경우
   ③ 휴대용 전화기 등 통신장비를 사용할 경우
8. 시험을 완료한 응시자는 답안을 저장하고, 답안 파일이 전송되었는지 확인한 후 감독위원의 지시에 따라 문제지를 제출한 후 퇴실하여야 합니다.
9. 시험시간이 종료된 이후에는 답안이 수정 또는 정정이 불가합니다.
10. 시험문제 공개 및 합격자 발표는 홈페이지(www.ihd.or.kr)에서 확인하시기 바랍니다.
    ① 문제 및 정답 공개 : 20XX. XX. XX.(화)
    ② 합격자 발표 : 20XX. XX. XX.(금)

코딩활용능력 2급 [CAS] 엔트리 | [시험시간 : 40분]

[유의사항]
- 각 문제의 정답은 다음과 같은 규칙으로 ENT 파일을 저장하시오.
  - 저장 위치 : 바탕 화면 > KAIT > 제출파일 폴더
  - 파일명 : CAS_수검번호_이름.ent
  ※ 예시 : 수검번호가 CAS-0000-0000000이고 수험자 이름이 홍길동인 경우 "CAS_000000_홍길동.ent"로 저장할 것
- 문제에 제시된 블록코딩 외 임의로 오브젝트 및 블록 등을 추가할 경우 감점 처리됨
- [문제 2~3]은 블록코딩을 원칙으로 하며, 오브젝트 설정 창에서 설정 시 감점 처리됨

프로젝트 설명 ▶ 과일을 사러 시장에 왔다. 몇 개의 과일을 구매할까?
각 과일에 마우스포인터가 닿으면 1개 당 과일 가격을 확인할 수 있다. 과일을 클릭하여 구매할 개수를 입력하고 구매를 종료하려면 장바구니를 클릭한다.

문제 1 다음 [처리조건]에 따라 배경 및 개체를 설정하시오. (10점)

■ 배경 설정하기

[처리조건]	[배경]	

① '장면1'에 '시장' 배경을 불러오기
  - 이름 **변경 없음**
② '장면2'에 '아파트 현관문' 배경을 불러오기
  - 이름을 '**현관문**'으로 변경하기
	① 시장
	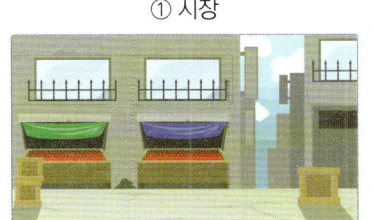
		② 아파트 현관문

■ 개체 설정하기 (오브젝트는 순서대로 불러올 것)

[처리조건]	[오브젝트]	

① '코코넛' 오브젝트를 불러오기
  - 이름 **변경 없음**
② '오렌지' 오브젝트를 불러오기
  - 이름 **변경 없음**
③ '멜론' 오브젝트를 불러오기
  - 이름 **변경 없음**
④ '바구니' 오브젝트를 불러오기
  - 이름을 '**장바구니**'로 변경하기
※ 기존의 '엔트리봇' 오브젝트는 삭제한다.
	① 코코넛

	③ 멜론

		② 오렌지

		④ 바구니
		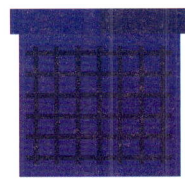

문제 2 [주요블록]을 모두 사용하여 [처리조건]에 따라 개체를 코딩하시오. (80점)

■ '코코넛' 오브젝트

'코코넛', '오렌지', '멜론', '총금액' 변수를 만든다. '코코넛' 오브젝트에 '마우스포인터'에 닿았는가? 인 동안 '0.5'초 동안 '1개 당 4000원'을 말한다. '코코넛' 오브젝트를 클릭했을 때 '몇 개 구매하시나요?'를 묻고 기다린 후 '코코넛' 변수에 '대답'만큼 더하고, '총금액' 변수에 '대답' × '4000'만큼 더한다.

[처리조건]

① '코코넛', '오렌지', '멜론', '총금액' 변수 만들기
  (변수 기본 값은 '0', '모든 오브젝트에 사용' 설정하기)
② 시작하기 버튼을 클릭했을 때
  • x: '65', y: '-95' 위치로 이동하기
  • 크기를 '65'으로 정하기
  • 계속 반복하기
    – '마우스포인터'에 닿았는가? 인 동안 반복하기
      └ '1개 당 4000원'을 '0.5'초 동안 말하기
      └ '1'초 기다리기
③ 오브젝트를 클릭했을 때
  • '몇 개 구매하시나요?'를 묻고 기다리기
  • '코코넛'에 '대답'만큼 더하기
  • '총금액'에 '대답' × '(ㄱ)' 만큼 더하기

[주요블록]

(시작하기 버튼을 클릭했을 때 / x: 0 y: 0 위치로 이동하기 / 크기를 0 (으)로 정하기 / 마우스포인터▼ 에 닿았는가? / 계속 반복하기 / 참 이 될 때까지▼ 반복하기 / 안녕! 을(를) 묻고 대답 기다리기 / 변수▼ 에 0 만큼 더하기 / 대답 / 0 x 0)

■ '오렌지' 오브젝트

'오렌지' 오브젝트에 '마우스포인터'에 닿았는가? 인 동안 '0.5'초 동안 '1개 당 2000원'을 말한다. '오렌지' 오브젝트를 클릭했을 때 '몇 개 구매하시나요?'를 묻고 기다린 후 '오렌지' 변수에 '대답' 만큼 더하고, '오렌지' 변수에 '대답' × '2000'만큼 더한다.

[처리조건]

① 시작하기 버튼을 클릭했을 때
  • x: '-40', y: '-95' 위치로 이동하기
  • 크기를 '65'으로 정하기
  • 계속 반복하기
    – '마우스포인터'에 닿았는가? 인 동안 반복하기
      └ '1개 당 2000원'을 '0.5'초 동안 말하기
      └ '1'초 기다리기
② 오브젝트를 클릭했을 때
  • '몇 개 구매하시나요?'를 묻고 기다리기
  • '오렌지'에 '대답'만큼 더하기
  • '총금액'에 '대답' × '(ㄴ)' 만큼 더하기

[주요블록]

(계속 반복하기 / 참 이 될 때까지▼ 반복하기 / 안녕! 을(를) 0 초 동안 말하기▼ / 0 초 기다리기 / 안녕! 을(를) 묻고 대답 기다리기 / 변수▼ 에 0 만큼 더하기 / 대답 / 0 x 0)

'멜론' 오브젝트

'멜론' 오브젝트에 '마우스포인터'에 닿았는가? 인 동안 '0.5'초 동안 '1개 당 8000원'을 말한다. '멜론' 오브젝트를 클릭했을 때 '몇 개 구매하시나요?'를 묻고 기다린 후 '멜론' 변수에 '대답'만큼 더하고, '멜론' 변수에 '대답' × '8000'만큼 더한다.

[처리조건]

① 시작하기 버튼을 클릭했을 때
  - x: '-145', y: '-90' 위치로 이동하기
  - 크기를 '75'로 정하기
  - 계속 반복하기
    - '마우스포인터'에 닿았는가? 인 동안 반복하기
      └ '1개 당 8000원'을 '0.5'초 동안 말하기
      └ '1'초 기다리기
② 오브젝트를 클릭했을 때
  - '몇 개 구매하시나요?'를 묻고 기다리기
  - '멜론'에 '대답'만큼 더하기
  - '총금액'에 '대답' × '8000'만큼 더하기

'장바구니' 오브젝트

시작하기 버튼을 클릭했을 때 '과일 사세요~'를 '2'초 동안 말한다. '장바구니' 오브젝트를 클릭했을 때 **'총금액'** 값과 '원입니다.'를 합쳐서 '1'초 동안 말한 후 '0.5'초 기다렸다가 '다음' 장면이 시작한다.

[처리조건]

① 시작하기 버튼을 클릭했을 때
  - 대답 '숨기기'
  - x: '175', y: '-80' 위치로 이동하기
  - 크기를 '95'로 정하기
  - '과일 사세요~'를 '2'초 동안 말하기
② 오브젝트를 클릭했을 때
  - '(ㄷ)' 값과 '원입니다.'를 합치기를 '1'초 동안 말하기
  - '0.5'초 기다리기
  - '다음' 장면 시작하기

'현관문' 배경

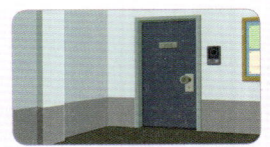

'현관문' 장면이 시작되었을 때 '과일 사 왔어요~'라고 '2'초 동안 말한다.

[처리조건]	[주요블록]
▶ 장면이 시작되었을 때 　• '과일 사 왔어요~'를 '2'초 동안 말하기	

문제 3 [주요블록]을 모두 사용하여 [처리조건]에 따라 프로젝트를 개선하시오. (10점)

'현관문' 배경

프로젝트를 다시 시작하려면 프로그램을 정지하고 다시 시작해야 해서 불편하다. '장면 2'에서 '현관문' 배경을 클릭하면 처음부터 다시 실행하도록 프로젝트를 개선하려고 한다.

[처리조건]	[주요블록]
▶ 오브젝트를 클릭했을 때 　• '색깔' 효과를 '10'만큼 주기 　• '처음부터 다시 실행하겠습니다'를 '1'초 동안 말하기 　• 처음부터 다시 실행하기	

체크 포인트 1 유형 Y/N

- 시작하기 버튼을 클릭했을 때 판매 중인 과일은 총 3개입니다. ☐ Y / ☐ N
- 과일의 가격을 확인하려면 과일 오브젝트를 클릭해야 합니다. ☐ Y / ☐ N
- '코코넛'을 '2'개 구매하려면 '코코넛' 오브젝트를 클릭하여 '2'라고 입력합니다. ☐ Y / ☐ N
- '오렌지'와 '멜론'을 각각 하나씩 구매하려면 '오렌지'를 클릭하여 '1' 입력 후 '멜론'을 클릭하여 '1' 입력한 다음 '장바구니' 오브젝트를 클릭합니다. ☐ Y / ☐ N
- '오렌지' 1개 당 가격은 8000원입니다. ☐ Y / ☐ N

체크 포인트 2 유형 주관식

- (   )의 1개 당 가격은 4000원입니다.

  - 정답 :

- '오렌지' 1개와 '코코넛' 2개의 가격은 총 (   )원입니다.

  - 정답 :

- '멜론'의 가격을 확인하려면 (   )를 '멜론'에 놓습니다.

  - 정답 :

- (   ) 오브젝트를 클릭하면 구매할 과일의 총금액을 계산한 후 다음 장면을 시작합니다.

  - 정답 :

- '코코넛'을 3개 구매한다고 하면 '대답' × (   )의 값을 '총금액' 변수에 더합니다.

  - 정답 :

제 04 회 코딩활용능력 최신유형 기출문제
(CAT : Coding Ability Test)

- **시험과목** : 코딩활용능력 2급 (엔트리)
- **시험일자** : 20XX. XX. XX.(토)
- 응시자 기재사항 및 감독위원 확인

수 검 번 호	CAS – XXXX –	감독위원 확인
성 명		

응시자 유의사항

1. 응시자는 신분증 또는 동등한 자격을 갖춘 증빙서류를 지참하여야 시험에 응시할 수 있으며, 시험이 종료될 때까지 신분증을 제시하지 못할 경우 해당 시험은 0점 처리됩니다.

2. 시스템(PC 작동 여부, 네트워크 상태 등)의 이상 여부를 반드시 확인하여야 하며, 시스템 이상이 있을 시 감독위원에게 조치를 받으셔야 합니다.

3. 시험 중 시스템 오류 또는 시스템 다운 증상에 대해서는 응시자 본인에게 책임이 있습니다.

4. 시험 중 부주의 또는 고의로 시스템을 파손한 경우는 응시자 부담으로 합니다.

5. 엔트리 버전은 최소 2.0.53 이상을 사용하여야 하며, 답안 전송 프로그램을 통하여 배포 받은 파일에 답안을 작성하시기 바랍니다. 감독위원의 지시에 따라 주시기 바랍니다.

6. 작성한 답안 파일은 답안 전송 프로그램을 통하여 자동으로 전송됩니다.

7. 다음 사항의 경우 실격(0점) 혹은 부정행위 처리됩니다.
   ① 답안을 저장하지 않았거나, 저장한 파일이 손상되었을 경우
   ② 답안 파일을 다른 보조 기억장치(USB) 혹은 네트워크(메신저, 게시판 등)로 전송할 경우
   ③ 휴대용 전화기 등 통신장비를 사용할 경우

8. 시험을 완료한 응시자는 답안을 저장하고, 답안 파일이 전송되었는지 확인한 후 감독위원의 지시에 따라 문제지를 제출한 후 퇴실하여야 합니다.

9. 시험시간이 종료된 이후에는 답안이 수정 또는 정정이 불가합니다.

10. 시험문제 공개 및 합격자 발표는 홈페이지(www.ihd.or.kr)에서 확인하시기 바랍니다.
    ① 문제 및 정답 공개 : 20XX. XX. XX.(화)
    ② 합격자 발표 : 20XX. XX. XX.(금)

코딩활용능력 2급 [CAS] 엔트리　|　[시험시간 40분]

[유의사항]

- 각 문제의 정답은 다음과 같은 규칙으로 ENT 파일을 저장하시오.
  - 저장 위치 : 바탕 화면 > KAIT > 제출파일 폴더　　- 파일명 : CAS_수검번호_이름.ent
  - ※ 예시 : 수검번호가 CAS-0000-0000000이고 수험자 이름이 홍길동인 경우 "CAS_000000_홍길동.ent"로 저장할 것
- 문제에 제시된 블록코딩 외 임의로 오브젝트 및 블록 등을 추가할 경우 감점 처리됨
- [문제 2~3]은 블록코딩을 원칙으로 하며, 오브젝트 설정 창에서 설정 시 감점 처리됨

프로젝트 설명 ▶ 학교 수업에 필요한 준비물을 구매하러 문구점이 도착했다. 어떤 물건을 사야할까? 우산, 물총, 저금통을 마우스로 클릭하면 물건의 가격을 확인할 수 있다. 물건을 구매하려면 구매 버튼을 클릭하여 우산, 물총, 저금통 중에서 구매할 물건을 클릭한 다음 구매수량을 입력한다. 스페이스 키를 누르면 총금액을 확인하고 다음 장면이 시작된다.

문제 1. 다음 [처리조건]에 따라 배경 및 개체를 설정하시오. (10점)

■ 배경 설정하기

[처리조건]	[배경]
① '장면1'에 '문구점' 배경을 불러오기 　- 이름 **변경 없음** ② '장면2'에 '학교 앞 문구점' 배경을 불러오기 　- 이름을 '**문구점 밖**'으로 변경하기	① 문구점　　　　② 학교 앞 문구점 

■ 개체 설정하기 (오브젝트는 순서대로 불러올 것)

[처리조건]	[오브젝트]
① '우산' 오브젝트를 불러오기 　- 이름 **변경 없음** ② '물총' 오브젝트를 불러오기 　- 이름 **변경 없음** ③ '돼지 저금통' 오브젝트를 불러오기 　- 이름을 '**저금통**'으로 변경하기 ④ '손바닥 버튼' 오브젝트를 불러오기 　- 이름을 '**구매버튼**'으로 변경하기 ※ 기존의 '엔트리봇' 오브젝트는 삭제한다.	① 우산　　　　② 물총 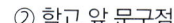 ③ 돼지 저금통　　④ 손바닥 버튼 

문제 2 [주요블록]을 모두 사용하여 [처리조건]에 따라 개체를 코딩하시오. (80점)

■ '우산' 오브젝트

'총금액' 변수를 만든다. 만일 '구매버튼'에 닿았는가? 그리고 '마우스를 클릭했는가?'라면 '몇 개 구매하시나요?'를 계속 반복해서 묻고, '총금액' 변수에 '대답' 값에 '1000'만큼 곱한 값을 더한다. '우산' 오브젝트를 클릭했을 때 '우산 1000원'을 '1'초 동안 말한다.

[처리조건]

① '총금액' 변수 만들기
  (변수 기본 값은 '0', '모든 오브젝트에 사용' 설정하기)
② 시작하기 버튼을 클릭했을 때
  - x: '153', y: '73' 위치로 이동하기
  - 크기를 '100'으로 정하기
  - 계속 반복하기
    – 만일 '구매버튼'에 닿았는가? 그리고 '마우스를 클릭했는가?' 라면
      └ '몇 개 구매하시나요?'를 묻고 대답 기다리기
      └ 반복 중단하기
  - '총금액'에 '대답' × '1000' 만큼 더하기
③ 오브젝트를 클릭했을 때
  - '우산 1000원'을 '1'초 동안 말하기

[주요블록]

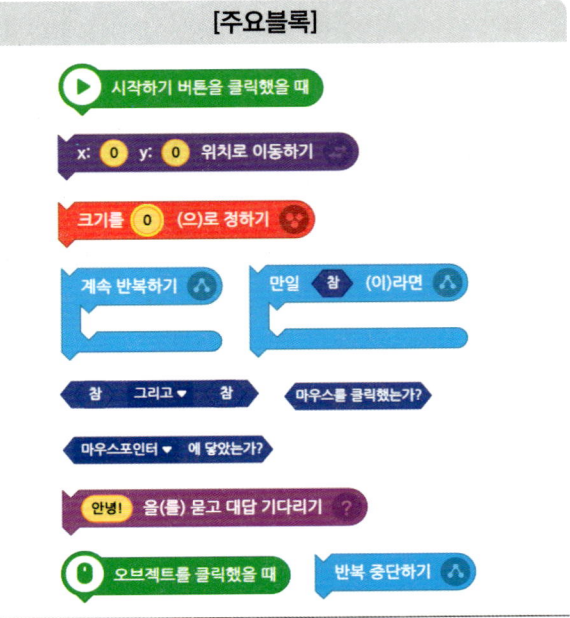

■ '물총' 오브젝트

만일 '구매버튼'에 닿았는가? 그리고 '마우스를 클릭했는가?'라면 '몇 개 구매하시나요?'를 계속 반복해서 묻고, '총금액' 변수에 '대답' 값에 '1200'만큼 곱한 값을 더한다. '물총' 오브젝트를 클릭했을 때 '물총 1200원'을 '1'초 동안 말한다.

[처리조건]

① 시작하기 버튼을 클릭했을 때
  - x: '-7', y: '-40' 위치로 이동하기
  - 크기를 '90'으로 정하기
  - 계속 반복하기
    – 만일 '구매버튼'에 닿았는가? 그리고 '마우스를 클릭했는가?' 라면
      └ '몇 개 구매하시나요?'를 묻고 대답 기다리기
      └ 반복 중단하기
  - '총금액'에 '대답' × '(ㄱ)' 만큼 더하기
② 오브젝트를 클릭했을 때
  - '물총 1200원'을 '1'초 동안 말하기

[주요블록]

■ '저금통' 오브젝트

만일 '구매버튼'에 닿았는가? 그리고 '마우스를 클릭했는가?'라면 '몇 개 구매하시나요?'를 계속 반복해서 묻고, '총금액' 변수에 '대답' 값에 '2300'만큼 곱한 값을 더한다. '저금통' 오브젝트를 클릭했을 때 '저금통 2300원'을 '1'초 동안 말한다.

[처리조건]

① 시작하기 버튼을 클릭했을 때
- x: '-95', y: '-85' 위치로 이동하기
- 크기를 '90'으로 정하기
- 계속 반복하기
  - 만일 '구매버튼'에 닿았는가? 그리고 '마우스를 클릭했는가?' 라면
    └ '몇 개 구매하시나요?'를 묻고 대답 기다리기
    └ 반복 중단하기
- '총금액'에 '대답' × '(ㄴ)' 만큼 더하기

② 오브젝트를 클릭했을 때
- '저금통 2300원'을 '1'초 동안 말하기

[주요블록]

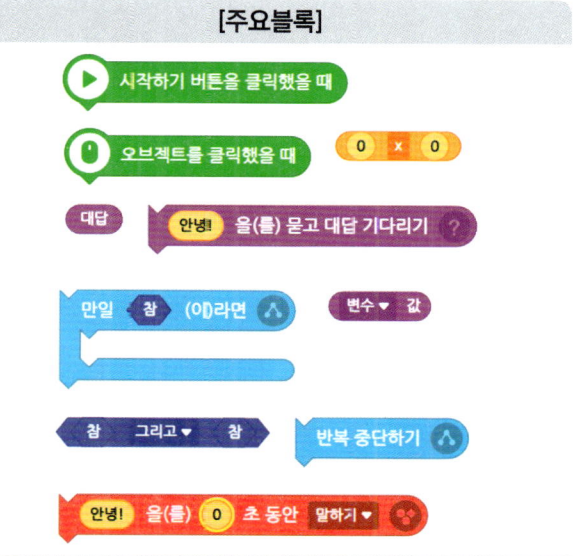

■ '구매버튼' 오브젝트

'구매버튼' 오브젝트를 클릭했을 때 '마우스포인터'에 닿았는가? 동안 '마우스포인터' 위치로 이동하여 오브젝트가 계속해서 마우스포인터를 따라다니도록 한다. '스페이스' 키를 눌렀을 때 '총금액'과 '원입니다.'를 합쳐서 '1'초간 말한 후 '다음' 장면을 시작합니다.

[처리조건]

① 시작하기 버튼을 클릭했을 때
- 대답 '숨기기'
- x: '175', y: '-75' 위치로 이동하기
- 크기를 '80'으로 정하기
- '구매할 물건을 선택해 주세요'를 '2'초 동안 말하기

② 오브젝트를 클릭했을 때
- 계속 반복하기
  - '마우스포인터'에 닿았는가? 인 동안 반복하기
    └ '마우스포인터' 위치로 이동하기

③ '(ㄷ)' 키를 눌렀을 때
- '총금액' 값과 '원입니다.'를 합치기를 '1'초 동안 말하기
- '다음' 장면 시작하기

[주요블록]

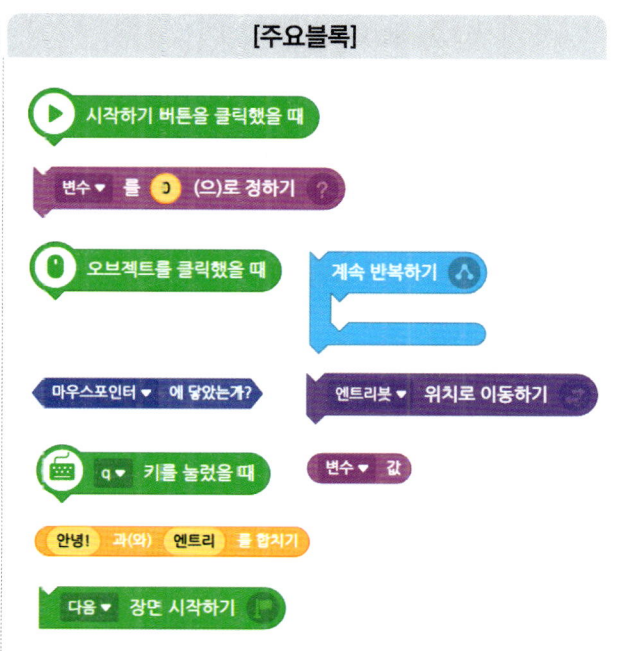

■ '문구점 밖' 배경

'문구점 밖' 장면이 시작되었을 때 '학교 준비물 준비 끝~'을 '2'초 동안 말한 후 '총금액' 값과 '원으로 구매했어요'를 합친 문장을 '2'초 동안 말한다.

[처리조건]	[주요블록]
▶ 장면이 시작되었을 때 • '학교 준비물 준비 끝~'을 '2'초 동안 말하기 • '총금액' 값과 '원으로 구매했어요'를 합치기를 '2'초 동안 말하기 • 크기를 '30'만큼 바꾸기	

문제 ③ [주요블록]을 모두 사용하여 [처리조건]에 따라 프로젝트를 개선하시오. (10점)

■ '문구점 밖' 배경

프로젝트를 다시 시작하려면 프로그램을 정지하고 다시 시작해야 해서 불편하다. '장면 2'에서 '문구점 밖' 배경을 클릭하면 처음부터 다시 실행하도록 프로젝트를 개선하려고 한다.

[처리조건]	[주요블록]
▶ 오브젝트를 클릭했을 때 • '색깔' 효과를 '30'만큼 주기 • '다시 문구점으로 갈게요'를 '2'초 동안 말하기 • 처음부터 다시 실행하기	

체크 포인트　1 유형 Y/N

- 시작하기 버튼을 클릭했을 때 '저금통', '물총', '우산' 오브젝트가 보이나요?　☐ Y / ☐ N
- '우산'의 금액을 확인하기 위해서는 '구매버튼'을 클릭한 다음 '우산'을 클릭합니다.　☐ Y / ☐ N
- '저금통' 1개의 금액은 '2300원'입니다.　☐ Y / ☐ N
- '물총' 2개를 구매하려면 '구매버튼'을 클릭하고 '물총'을 클릭한 다음 '2'라고 입력합니다.　☐ Y / ☐ N
- '총금액'을 확인하려면 '구매버튼'을 클릭합니다.　☐ Y / ☐ N

체크 포인트　2 유형 주관식

- '우산'을 클릭하면 '우산 (　　　)원' 이라고 말합니다.

  - 정답 :

- 문구점에 있는 물건은 '저금통', '물총', '우산' 총 (　　　)개입니다.

  - 정답 :

- '물총'을 2개 구매하면 총금액은 (　　　)원입니다.

  - 정답 :

- '저금통' 1개와 '우산' 3개를 구매하면 총금액은 (　　　)원입니다.

  - 정답 :

- 물건을 구매할 때는 (　　　) 오브젝트를 마우스로 클릭한 후 구매할 물건을 클릭하여 구매할 개수를 입력합니다.

  - 정답 :

제 05 회 코딩활용능력 최신유형 기출문제
(CAT : Coding Ability Test)

- **시험과목** : 코딩활용능력 2급 (엔트리)
- **시험일자** : 20XX. XX. XX.(토)
- 응시자 기재사항 및 감독위원 확인

수 검 번 호	CAS – XXXX –	감독위원 확인
성 명		

응시자 유의사항

1. 응시자는 신분증 또는 동등한 자격을 갖춘 증빙서류를 지참하여야 시험에 응시할 수 있으며, 시험이 종료될 때까지 신분증을 제시하지 못할 경우 해당 시험은 0점 처리됩니다.

2. 시스템(PC 작동 여부, 네트워크 상태 등)의 이상 여부를 반드시 확인하여야 하며, 시스템 이상이 있을 시 감독위원에게 조치를 받으셔야 합니다.

3. 시험 중 시스템 오류 또는 시스템 다운 증상에 대해서는 응시자 본인에게 책임이 있습니다.

4. 시험 중 부주의 또는 고의로 시스템을 파손한 경우는 응시자 부담으로 합니다.

5. 엔트리 버전은 최소 2.0.53 이상을 사용하여야 하며, 답안 전송 프로그램을 통하여 배포 받은 파일에 답안을 작성하시기 바랍니다. 감독위원의 지시에 따라 주시기 바랍니다.

6. 작성한 답안 파일은 답안 전송 프로그램을 통하여 자동으로 전송됩니다.

7. 다음 사항의 경우 실격(0점) 혹은 부정행위 처리됩니다.
   ① 답안을 저장하지 않았거나, 저장한 파일이 손상되었을 경우
   ② 답안 파일을 다른 보조 기억장치(USB) 혹은 네트워크(메신저, 게시판 등)로 전송할 경우
   ③ 휴대용 전화기 등 통신장비를 사용할 경우

8. 시험을 완료한 응시자는 답안을 저장하고, 답안 파일이 전송되었는지 확인한 후 감독위원의 지시에 따라 문제지를 제출한 후 퇴실하여야 합니다.

9. 시험시간이 종료된 이후에는 답안이 수정 또는 정정이 불가합니다.

10. 시험문제 공개 및 합격자 발표는 홈페이지(www.ihd.or.kr)에서 확인하시기 바랍니다.
    ① 문제 및 정답 공개 : 20XX. XX. XX.(화)
    ② 합격자 발표 : 20XX. XX. XX.(금)

코딩활용능력 2급 [CAS] 엔트리 　 [시험시간 : 40분]

[유의사항]

- 각 문제의 정답은 다음과 같은 규칙으로 ENT 파일을 저장하시오.
  - 저장 위치 : 바탕 화면 > KAIT > 제출파일 폴더 　 - 파일명 : CAS_수검번호_이름.ent
  ※ 예시 : 수검번호가 CAS-0000-0000000이고 수험자 이름이 홍길동인 경우 "CAS_000000_홍길동.ent"로 저장할 것
- 문제에 제시된 블록코딩 외 임의로 오브젝트 및 블록 등을 추가할 경우 감점 처리됨
- [문제 2~3]은 블록코딩을 원칙으로 하며, 오브젝트 설정 창에서 설정 시 감점 처리됨

프로젝트 설명 ▶ 맛있는 탕후루를 주문 개수에 맞추어 만들어야 한다. 딸기와 설탕의 비율이 몇이지?
주문 수량을 확인해서 딸기와 설탕의 비율은 2:1로 만들고 탕후루 변수에 1씩 더한다. 탕후루 변수 값과 주문 값이 일치하면 다음 장면이 시작된다.

문제 1 다음 [처리조건]에 따라 배경 및 개체를 설정하시오. (10점)

■ **배경 설정하기**

[처리조건]	[배경]	
① '장면1'에 '부엌(2)' 배경을 불러오기 　- 이름을 '**요리교실**'로 변경하기 ② '장면2'에 '[묶음] 이상한 티파티' 배경을 불러 오기 　- 이름을 '**설탕나라**'로 변경하기	① 부엌(2)	② [묶음] 이상한 티파티

■ **개체 설정하기**(오브젝트는 순서대로 불러올 것)

[처리조건]	[오브젝트]	
① '저울' 오브젝트를 불러오기 　- 이름 **변경 없음** ② '설탕' 오브젝트를 불러오기 　- 이름 **변경 없음** ③ '딸기' 오브젝트를 불러오기 　- 이름 **변경 없음** ④ '[묶음] 행복한 앞 모습(2)' 오브젝트를 불러오기 　- 이름을 '**엔트리**'로 변경하기 ※ 기존의 '엔트리봇' 오브젝트는 삭제한다.	① 저울 ③ 딸기 	② 설탕 ④ [묶음] 행복한 앞 모습(2) 

문제 2. [주요블록]을 모두 사용하여 [처리조건]에 따라 개체를 코딩하시오. (80점)

■ '저울' 오브젝트

'계산', '완성' 신호를 만들고, '딸기', '설탕', '탕후루', '주문' 변수를 만든다. 시작하기 버튼을 클릭했을 때 '딸기와 설탕의 비율은 2:1'을 '1'초 동안 말한다. '계산' 신호를 받았을 때 '딸기'와 '설탕'의 '주문' 값을 계산 후 '탕후루' 변수에 '주문' 값만큼 더한 후 '완성' 신호를 보낸다.

[처리조건]

① '계산', '완성' 신호 만들기
② '딸기', '설탕', '탕후루', '주문' 변수 만들기
   (변수 기본 값은 '0', '모든 오브젝트에 사용' 설정하기)
③ 시작하기 버튼을 클릭했을 때
   - x: '-145', y: '10' 위치로 이동하기
   - 크기를 '70'으로 정하기
   - '2'초 기다리기
   - '딸기와 설탕의 비율은 2:1'을 '1'초 동안 말하기
④ '계산' 신호를 받았을 때
   - 만일 '딸기' 값 = '주문' 값 × '2' 그리고 '설탕' 값 = '주문' 값 × '1' 이라면
     – '탕후루'에 '주문' 값만큼 더하기
   - '완성' 신호 보내기

■ '설탕' 오브젝트

'설탕' 오브젝트는 '자신'의 복제본 만드는 것을 '3'번 반복한다. 오브젝트를 클릭했을 때 '주문'에 필요한 개수를 입력하고, '1'초 동안 '저울' 위치로 이동한다. 만일 '저울'에 닿았으면 '설탕' 변수에 '대답'만큼 더하고 '계산' 신호를 보낸다.

[처리조건]

① 시작하기 버튼을 클릭했을 때
   - x: '-210', y: '0' 위치로 이동하기
   - 크기를 '40'으로 정하기
   - '(ㄱ)'번 반복하기
     – '자신'의 복제본 만들기
② 오브젝트를 클릭했을 때
   - '몇 개를 고를까요?'를 묻고 대답 기다리기
   - '1'초 동안 '저울' 위치로 이동하기
   - '주문' 값 = '탕후루' 값이 될 때까지 반복하기
     – 만일 '저울'에 닿았는가? 라면
       └ 모양 숨기기
       └ '설탕'에 '대답' 만큼 더하기
       └ '계산' 신호 보내기
     – 이 복제본 삭제하기

■ '딸기' 오브젝트

'딸기' 오브젝트는 '자신'의 복제본 만드는 것을 '10'번 반복한다. 오브젝트를 클릭했을 때 '주문'에 필요한 개수를 입력하고, '2'초 동안 '저울' 위치로 이동한다. 만일 '저울'에 닿았으면 '딸기' 변수에 '대답'만큼 더하고 '계산' 신호를 보낸다.

[처리조건]

① 시작하기 버튼을 클릭했을 때
- x: '140', y: '50' 위치로 이동하기
- 크기를 '50'으로 정하기
- '(ㄴ)'번 반복하기
  - '자신'의 복제본 만들기

② 오브젝트를 클릭 했을 때
- '몇 개를 고를까요?'를 묻고 대답 기다리기
- '2'초 동안 '저울' 위치로 이동하기
- '주문' 값 = '탕후루' 값이 될 때까지 반복하기
  - 만일 '저울'에 닿았는가? 라면
    └ 모양 숨기기
    └ '딸기'에 '대답' 만큼 더하기
    └ '계산' 신호 보내기
  - 이 복제본 삭제하기

[주요블록]

■ '엔트리' 오브젝트

시작하기 버튼을 클릭했을 때 '주문' 변수에 '1'부터 '3' 사이의 무작위 수만큼 더한 후 '주문' 값에 맞추어 탕후루를 주문한다. '완성' 신호를 받았을 때, '주문' 값과 '탕후루' 값이 같다면 '다음' 장면이 시작하고 만일 '딸기'와 '설탕'의 값이 '주문' 값의 비율과 다를 때는 처음부터 다시 실행한다.

[처리조건]

① 시작하기 버튼을 클릭했을 때
- x: '-35', y: '-60' 위치로 이동하기
- 크기를 '150'으로 정하기
- '주문'에 '1부터 (ㄷ)까지의 무작위 수' 만큼 더하기
- '주문' 값과 '개의 탕후루를 주문할게'를 합치기를 '2'초 동안 말하기

② '완성' 신호를 받았을 때
- 만일 '주문' 값 = '탕후루' 값 이라면
  - '탕후루 완성~'을 '2'초 동안 말하기
  - '다음' 장면 시작하기
- 만일 '딸기' 값 ≥ '주문' 값 × '2' 그리고 '설탕' 값 ≥ '주문' 값 × '1'
  - '비율을 확인해 줘'를 '1' 초 동안 말하기
  - 처음부터 다시 실행하기

[주요블록]

■ '설탕나라' 배경

'설탕나라' 장면이 시작되었을 때 '당 충전 완료'를 '2'초 동안 말하고, '밝기' 효과를 '70'만큼 준다.

[처리조건]	[주요블록]
▶ 장면이 시작되었을 때 　• '당 충전 완료'를 '2'초 동안 말하기 　• '밝기' 효과를 '70'만큼 주기	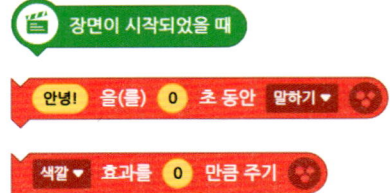

문제 3 [주요블록]을 모두 사용하여 [처리조건]에 따라 프로젝트를 개선하시오. (10점)

■ '설탕나라' 배경

프로젝트를 다시 시작하려면 프로그램을 정지하고 다시 시작해야 해서 불편하다. '장면 2'에서 '설탕나라' 배경을 클릭하면 처음부터 다시 실행하도록 프로젝트를 개선하려고 한다.

[처리조건]	[주요블록]
▶ 오브젝트를 클릭했을 때 　• '다시 주문하러 갈게요'를 '2'초 동안 말하기 　• '1'초 기다리기 　• 처음부터 다시 실행하기	 

체크 포인트 — 1 유형 Y/N

- 시작하기 버튼을 클릭했을 때 '엔트리'가 탕후루를 주문하나요? ☐ Y / ☐ N
- '탕후루'를 만들기 위한 '딸기'와 '설탕'의 비율은 2:1입니다. ☐ Y / ☐ N
- '딸기' 오브젝트를 클릭하면 '딸기' 1개가 '저울' 위치로 이동합니다. ☐ Y / ☐ N
- '설탕' 오브젝트를 클릭하면 몇 개를 넣을건지 질문합니다. ☐ Y / ☐ N
- '탕후루' 3개를 주문하면 '딸기'는 총 3개가 필요합니다. ☐ Y / ☐ N

체크 포인트 — 2 유형 주관식

- '주문' 값은 (   )개부터 (   )개까지 주문이 가능합니다.
  - 정답 :

- 탕후루를 만들기 위한 (   )와 '설탕'의 비율은 (   ) : 1입니다.
  - 정답 :

- 만일 '주문'에 필요한 '딸기'와 '설탕'의 개수가 맞지 않을 경우 (   )부터 다시 시작합니다.
  - 정답 :

- '계산' 신호를 받았을 때 '딸기' 변수에 저장되는 값은 '주문' 값 × (   )입니다.
  - 정답 :

- '주문' 변수와 (   ) 변수 값이 일치할 경우 '다음' 장면이 실행됩니다.
  - 정답 :

MEMO